大瀬良大地

メッセージBOOK

―大地を拓《ひら》く―

大瀬良大地著

廣済堂出版

Carp
1
mazda

ZETT

14

Carp
Carp
Carp
62
11
56

mazda
ZETT
14

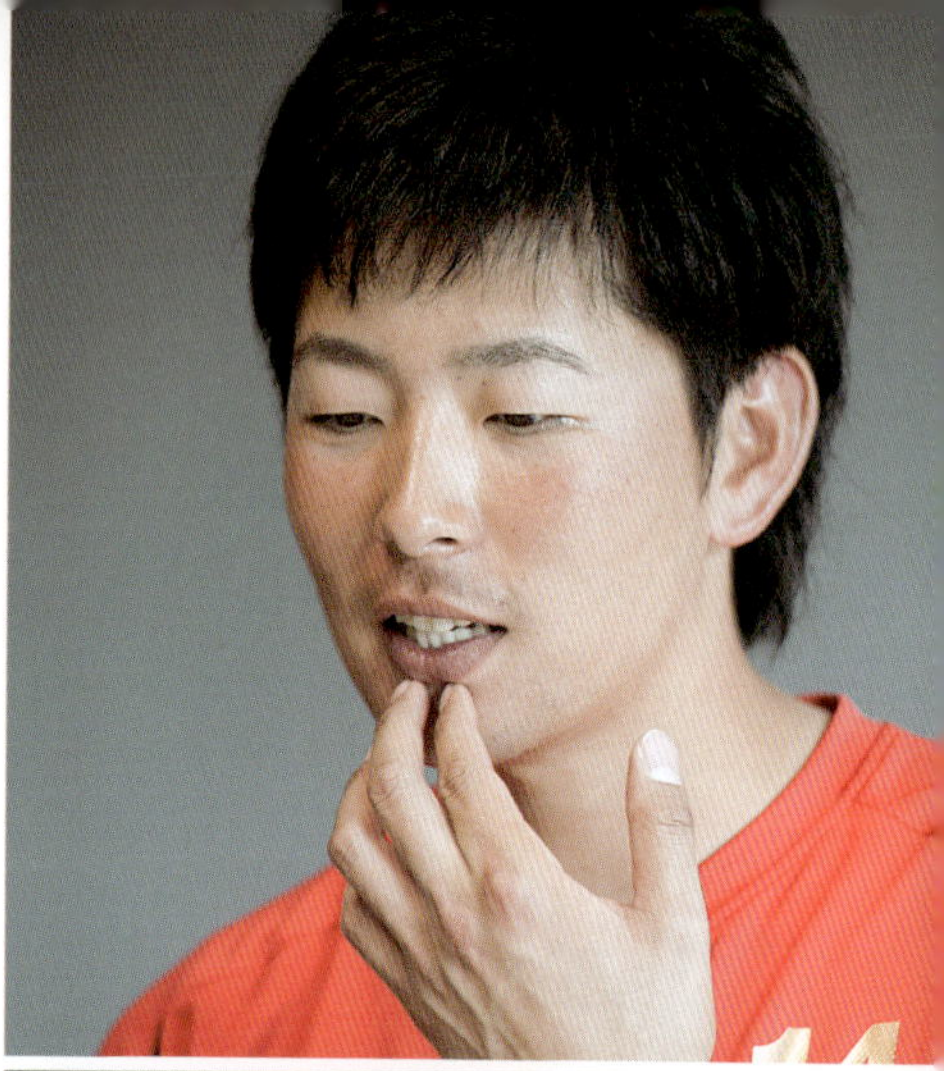

ZETT
Hiroshima

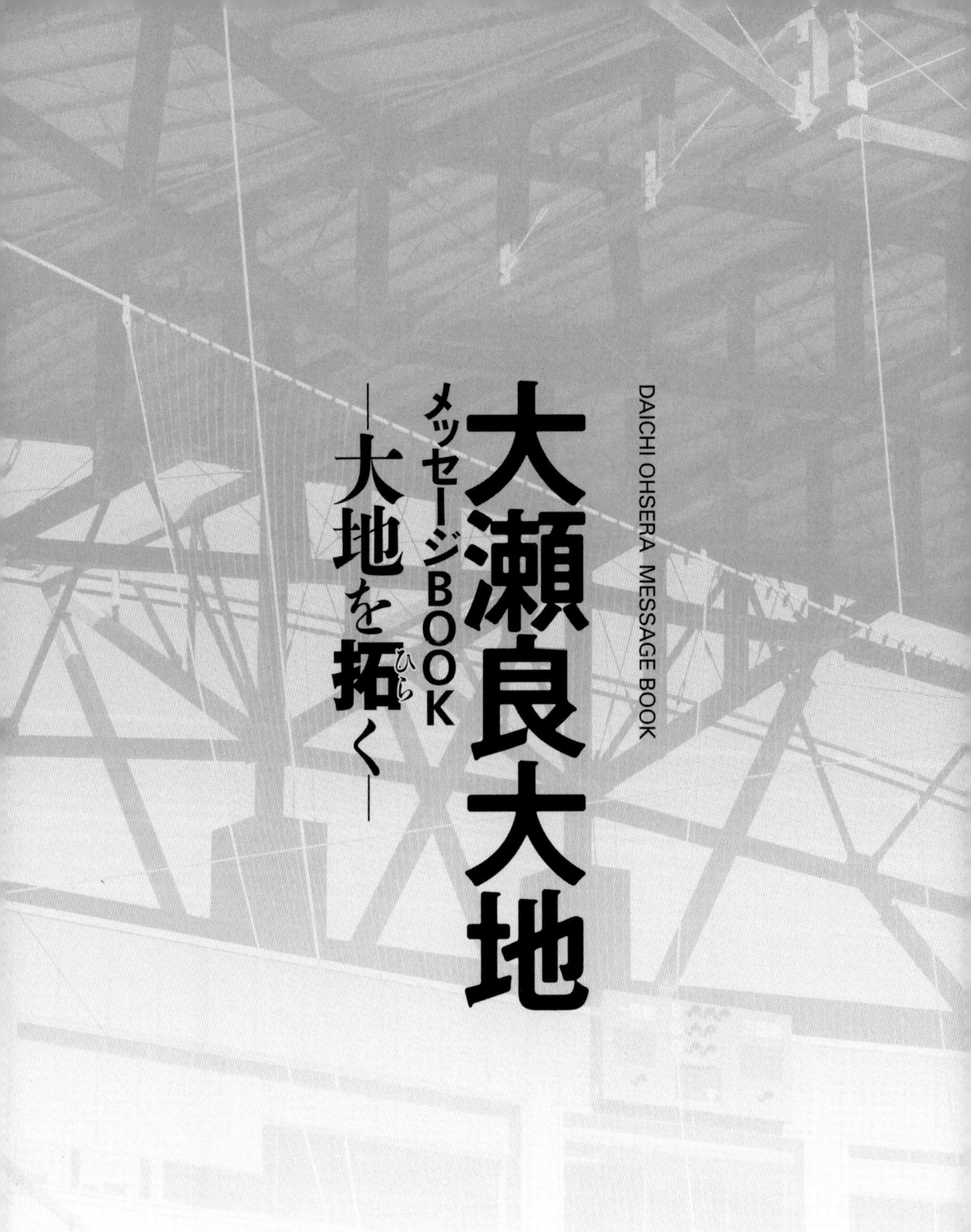

DAICHI OHSERA MESSAGE BOOK

大瀬良大地

メッセージBOOK

—大地を拓《ひら》く—

まえがき

「野球につながるのなら、なんでもやろう」。これが僕のモットーです。長崎日本大学高校の金城孝夫《きんじょうたかお》監督、九州共立大学の仲里清《なかざときよし》監督から、「野球だけうまければいいわけではない」と口酸っぱく教えられたことで、野球以外の、例えば学校での勉強や身のまわりの整理整頓《せいりせいとん》なども一生懸命《いっしょうけんめい》にやってきましたし、広島東洋カープに入団してからもその意識は変わりません。

すべては自分を切り拓《ひら》くため。それこそ、自分の名前である「大地」を「開拓」していくように、困難な道も厭《いと》わず、常に「新しい自分と出会いたい」。だからこそ、野球も、そのほかの要素にも、積極的に行動していきたいと考えているのです。

プロ野球の世界は弱肉強食。いくらドラフト1位で入団しチャンスを数多くいただけたとしても、結果を出せなければ生き残ってはいけません。僕がカープに入団してから痛感していることは、「自分を持つこと」の重要性。監督やコーチ、先輩方からアドバイスをしていただくことはとてもありがたいことです。可能ならば吸収したい気持ちはありますが、すべてが自分にとって理想の形に結びつくのかと言えばそうではありません。だからまず、試してみる。そこで手ごたえがあればさらに突き詰めるけれど、もし、「自分には合わないな」と感じたら、ひとまず自分の中にある「引き出し」に納めておく。そして、必要があれば取り出し、実践してみる。

自分の理想を追い求めるのは大切なことです。でも、そこに固執《こしつ》してしまう、あるいは周囲に過度に影響されてしまったら、今、本当に大事なものを見失ってしまうかもしれない。そうならないように、現状を把握しながらも「将来の自分はどうありたいか」を常に自問自答しなければなりません。たとえ歩みが遅くても長期的に見れば、それが「自分の可能性を切り拓く」ことにもつながっていくのだと信じています。

僕は人間的にも野球選手としても優れているとは思いません。「ダメなところ」もたくさんあります。それを踏まえたうえで、読者のみなさんにとって1つでもヒントになる要素が提供できれば幸いです。

大瀬良大地

目次

CONTENTS

第5章 自分の時間 117

第6章 開拓 141

第1章

償《つぐな》い

「申し訳ない」気持ちだけのシーズン

２０１５年10月7日。僕はこの日を一生忘れることはないでしょう。

中日ドラゴンズとのシーズン最終戦。この試合に勝てば広島東洋カープは3位となり、クライマックスシリーズに進出できる大事な一戦でした。僕は中継ぎとしてブルペンで待機していましたが、やっぱりいつもとは緊張感が違う。選手全員の「１００％の力を出しきって勝つ！」という思いがものすごく伝わってきました。僕自身、「いつもどおり冷静に」と言い聞かせていたものの、気持ちの入り方は違っていたと思います。

この日は中日・山本昌《まさ》さんの現役最後の登板だったこともあって、相手からも「なんとかマサさんに花道を」という思いが伝わってきましたが、先発したマエケン（前田健太）さん（現ロサンジェルス・ドジャース）がエースらしく7回を無失点と完璧《かんぺき》なピッチングを見せてくれました。1球、1球に沸き起こるファンの声援にも熱が入る。

そうかと思えば、突然、マツダスタジアムが静寂《せいじゃく》に包まれる——そんな独特な雰囲気が続いていた8回、0対0の同点の場面で僕は2番手としてマウンドに上がりました。

「この試合は1点取ったほうが勝つ。絶対に点をやっちゃいけない」

気合いはいつも以上に入っていました。だから、この回先頭の平田良介さんにヒットを許し、一死後、アンダーソン・エルナンデスに先制ツーベースを打たれても、

「ここからしっかり抑えれば、絶対に味方が逆転してくれる」と自分に言い聞かせ、気持ちを切り替えました。でも、続く藤井淳志《あつし》さんにスリーベースを打たれ2点目を献上してしまった瞬間、僕の緊張の糸はプツリと切れてしまったのかもしれません。

「あぁ……やっちゃった……どうしよう、どうしよう」

このときの僕にはもう、自分を客観視することも、まわりを見ることもできませんでした。打者4人に対して3安打、2失点。一死しか取れずマウンドを降りました。僕のあとに登板した中﨑翔太《なかざきしょうた》も悪い流れを断ちきれず、この回3点。試合も3対0で敗れ、カープのクライマックスシリーズ進出の夢は絶たれてしまいました。

「申し訳ない、申し訳ない……」。僕にはその言葉しか頭にありませんでした。

最後まで試行錯誤だった中継ぎ

プロ1年目の14年に10勝と新人王。ドラフト1位として最低限の仕事はできたのかもしれませんが、100％納得した成績を残せたかと言えば、そうではありません。だからこそ、2年目の15年は自他ともに認める結果を出したい――そう意気込んで春季キャンプに臨みました。

前年までの僕は、「寝られるだけ寝よう」と思うタイプで、休日には12時間睡眠も当たり前でしたけど、この年から「早い段階から体を動かせるようにしたい」と、7時間睡眠に変えました。朝起きたら散歩をして目を覚ます。宿舎に戻ってきたらストレッチやお風呂に入って体をほぐして練習に臨む。今まで気づかなかったこと自体おかしな話ですが、この生活習慣に切り替えたことで頭もしっかり働くし、スムーズに練習に入ることができるようになりました。

オープン戦では1試合の登板のみでしたが、4回を自責点1。開幕前には日本代表「侍ジャパン」に選んでいただき、3月10日の欧州代表との強化試合の初戦で先発として投げさせてもらうなど、調整はうまく進んでいました。

だからといって、それが成績に直結したわけではありませんでした。レギュラーシーズン初登板となった3月31日の横浜DeNAベイスターズ戦。初回に4点を取られたものの、「うちの打線ならまだ追いつける」と気持ちを切り替えたつもりでも結果的に3回7失点と、チームに勢いを与えられず降板を告げられました。悔しさはもちろんあった。でも、先発としてこれから25試合くらい投げることを考えれば、打ち込まれたことを引きずってもいられません。先発とはチームの「責任投手」。勝敗の8割が自分たちローテーションピッチャーにかかっているのだと考えれば、「次はしっかりと準備をしてチームに貢献しよう」と、前を向くのは当然のことなのです。それは、1年目に学んだことでもありました。

前の試合が散々な結果でも約1週間後にはまた投げなければいけません。だからこそ、日々の調整をしっかりこなすことだけに意識を集中するようになりました。

僕のローテーション間のトレーニングをざっと紹介するとこんな感じです。

1日目（登板翌日）はロングランニングに、軽めのキャッチボールとウエイトトレーニングなどの有酸素運動。2日目は完全オフなので体を休め、3日目はレフトからライトポールまでのランニングを10本、4日目はその半分の距離や、50メートル、30メートルと短距離ダッシュを繰り返します。そして5日目にブルペンに入って投げ込みをし、登板前日には疲労感を残さないように5メートル、10メートルのダッシュを数本と軽いキャッチボール、指先の感覚を呼び覚ますトレーニング、そして体のケアに努めます。ローテーションのあいだの調整法は人それぞれですが、僕にはこれがいちばん合っていました。だから、前の試合でどんなパフォーマンスになろうと、このルーティンだけは集中してやっていこうと心がけていました。

自分の調整が間違っていたとは今でも思っていませんが、15年は最初から結果が出なかった。シーズン2戦目の登板となった4月7日の読売ジャイアンツとの試合では、勝ち星こそつかなかったものの9回途中1失点と、まずまずの仕事はできたと思います。しかし、次から2試合は負け投手となり、シーズン初勝利を挙げられたのは5月4日の巨人戦と、僕は好スタートを切れませんでした。

「別に『先発失格』というわけではないんだけど、俺としては中継ぎや抑えのポジションで投げてもらうことも考えている。今はまだ、先発として頑張ってもらうが、そのことを頭には入れておいてほしい」

5月のある日、緒方孝市監督に呼ばれて、そう告げられました。5月まで先発として1勝5敗。6月3日の北海道日本ハムファイターズ戦でも敗戦投手となった僕は、緒方監督の構想どおり、中継ぎへ配置転換を命じられたのです。

中継ぎ――。これまでの野球人生で一度も経験したことがないポジション。「自分に務まるのかな？」という不安はもちろんありました。でも、先発として結果を出せていない以上、チームの意向を受け入れるしかありません。「むしろ、一軍で役割を与えられるだけ幸せなことかな。これでまた、チームに貢献できるチャンスをもらえたわけだし、頑張ってみよう」。シーズン中は物事を前向きに考えていかないとやっていけないことは、1年目に痛感していました。だからこそ、中継ぎに回ったとしても「これをいい刺激にしよう」と決意を新たにできたのです。

そうは言っても、中継ぎは初めての経験なので、調整の難しさはものすごく感じました。先発時代に試合中や練習でのペース配分を学んだといっても、「いつも全力で」が僕のスタイル。中継ぎとなると投げるイニングが短くなるので、その意識はとくに強くなりました。ブルペンで待機中はとにかく投げていないと不安。だから、5回くらいからキャッチボールを20～30球、少し休憩《きゅうけい》を挟《はさ》んでベンチから「行くぞ」と声がかかったらまた20球前後と、今、こうやって書いてみるとかなり投げていますね……（苦笑）。当時の自分としてはそれくらい不安だったし、余裕がなかったということです。

「気持ちはわかるけど、投げたがりは中継ぎだと良くないよ。ピッチャーの肩は消《しょう》耗品《もうひん》なんだから、極力投げない勇気を持つことも大事だぞ」

中継ぎとして投げている先輩ピッチャーにいろいろアドバイスをいただきましたが、中でも江草仁貴《えぐさひろたか》さんのその言葉が自分にいちばん響きました。「ずっと中継ぎで結果を出してきた方が言うのなら間違いない。江草さんだって、これまでたくさんの人から学んで、その考えにたどり着いたんだから」。そう思うと、自然と力みが取れ、多少は余裕を持って調整できるようになりました。

ただやっぱり、最後まで試行錯誤が続いていたのも事実です。15年シーズンの終盤は中継ぎというポジションが「しっくりきたかな」と感じても、「ああでもない、こうでもない」とさらなる最良の方法を導き出そうとする自分がいる。そんな迷いが、結果的に最終戦の、あのようなパフォーマンスにつながってしまったのだと反省しています。

本当に15年はチームの足を引っ張ってばかりの1年でした。

終盤の大事な局面で打たれてしまい先発ピッチャーの勝ち星を消してしまう、あるいはチームに黒星をつけてしまう……まわりに対して迷惑をかけ続けた、その総決算のような試合が10月7日の中日戦だったのです。降板後は、試合が続いているのに涙が止まりませんでした。試合中に泣くのは許されないことかもしれません。でも、あのときはどうしても感情を抑えられなかった。

そんな自分をチームメイトのみんなは温かい言葉で励《はげ》ましてくれたんです。マエケンさんは、「この結果はチームの結果で、決してお前1人の責任じゃないんだから、背負い込むな。泣かずに前を向け。この気持ちを大事にして、来年また頑張っていけばいいじゃないか」というようなことを言いながら、肩を叩《たた》いてくれました。

大先輩の黒田博樹《ひろき》さんも、「1年間、練習する姿とかを見せてもらったけど、俺はしっかりとやってきたのを知っているから。お前の涙は賛否両論あるかもしれないけど、思いが強いからああなったんだろう。俺にはすごく心に響いたよ。今年、自分で一生懸命《いっしょうけんめい》やって結果が出なかったと思うんだったら、来年はそれ以上やって結果を出せるように頑張れ」と熱い言葉をいただきました。

そして、なにより、僕を奮い立たせてくれたのが、ファンのみなさんの声援でした。試合後、チーム全員でベンチ前に整列し、スタンドに向かって挨拶《あいさつ》をしたときのこと。僕が打たれたせいで負けたため、自分では「なにを言われても受け入れよう」と覚悟を決めていました。ところが、スタンドからは「お前のせいじゃないぞ!」「1年間、よく投げてくれた!」「来年また頑張れ!」。……こんな自分を認め、そして励ましてくれる数々の言葉。この直前まで「申し訳ない」と思っていた感情が、瞬時に「ありがとうございます」という感謝に変わりました。

温かい声援をずっと贈ってくれてありがとうございます——僕の目から涙が止まりませんでした。

チームワークの源《みなもと》は選手同士の「イジり」

チームに迷惑をかけてしまっても、いつも励まされていたように、カープの選手は温かい人がものすごく多い。その中で僕は、「まじめ」と言われることが多いのですが、別にそういうわけではありません。

僕のキャラをざっくりと説明すると、「天然」らしいです(苦笑)。確かに、思い当たる節は多々あります……。スマートフォンの画面保護フィルムを貼るのに失敗して、新しいのを買いに行ったけど、購入後に違う機種のものだったと気づいた。練習後に寮に戻ってきたけど、球場に財布を預けたままだったことを思い出して取りに行ったら、今度はそこに部屋の鍵を置いてきてしまった……などなど。中でもいちばん「やっちゃったな」と自分でも笑ってしまうのが15年の春季キャンプでの出来事。宿舎のエレベーターは横並びで2つあるのですが、作動ボタンを押してもなかなかドアが開かない。「おかしいなぁ」と思いながらずっとボタンを押し続け……

1、2分たったころでしょうか、ふと目線を横にそらすと、もう1つのドアが「ガシャン、ガシャン」と開閉を繰り返しているではありませんか（笑）。「やっちゃった！」と赤面しながら周辺を確認すると、誰もいない。「良かったぁ。誰かに見られていたら、またイジられるよ」と胸をなでおろし、そーっとエレベーターに乗ったわけです。

僕としては「1つのことに集中するあまり、視野が少し狭くなるだけ」と「天然説」を否定し続けていたんですが、ほかの人に言わせると、それが「天然」なんだと。今までは認めたくなかったけど、何度も「またかよ」と呆《あき》れられるんで、最近では「はいはい。僕は天然ですよ」と認めざるを得ない状況となってしまいました。

でも、僕だってイジられてばかりではありませんよ。「やられたらやり返す！」。これが僕のポリシーです（笑）。

いくつかエピソードを挙げると、まず14年の秋季キャンプ。宿舎の部屋のチャイムが鳴ってドアを開けたら、目の前に、椅子《いす》やら荷物やらが山積みになって廊下《ろうか》に出られなくなっていました。笑い声が聞こえてきたので椅子の隙間《すきま》から覗《のぞ》くと、中《なか》田廉《たれん》さんと中﨑のしわざだと判明。少し時間がたったあと、同じ方法で仕返しをしてやりました。ほかにも、最近では戸田隆矢《たかや》や野間峻祥《たかよし》とか年下もちょっかいを出してくるようになったので、夏場に彼らが寝ている部屋に忍び込んでエアコンの設定温度を30度に上げたこともありました。翌朝、「朝起きたらめっちゃ汗だくだったんですけど、大地さん、なんかしました？」とびっくりした顔で聞いてきたり(笑)。

僕自身、先輩だからって気をつかわれるのがいやなタイプなので、そういう「イジり、イジられ」のコミュニケーションがあってもいいと思います。

「カープの選手はみんな仲がいい」。ファンのみなさんからそう思ってもらえることは、僕にとってすごくうれしいことです。一岡竜司《りゅうじ》さん、今村猛《たける》と僕の3人がカピバラに似ているらしく、「カピバラ三兄弟」とまわりからは言われていて、それなんかは選手同士の仲がいい典型なのかもしれません。2人がどう感じているかは聞いたことがないのでわかりませんが、僕としては「カピバラ」としてみんなに覚えてもらって、それでカープファンが増えるのであれば本当に喜ばしいことだと思っています。だから、練習中とかでも一岡さんと猛が2人で歩いているところを発見すると、「うわぁ、カピバラが散歩してるよ！」と茶化すことも日常的だし、2人からもツッコまれる。野村祐輔《ゆうすけ》さんとか先輩も、ロッカーなどで「動物園でカピバラが温泉に入っていた」といったニュースを見たりすると、「お前ら出てんじゃん」みたいな茶々を入れてくるので、「いや、違いますから！」と、あえてボケずにそのまま返したり（笑）。

僕ら3人で投手リレーをした試合なんか、投手陣みんなから「カピバラリレーだな！」と一斉にツッコまれたのを覚えています。15年9月12日の阪神タイガース戦で、7回に一岡さんが3人の中で最初に登板して1回を無失点に抑えると、8回から猛も2回を無失点。そして延長10回からは僕が2回を投げて無失点と、「カピバラリレー」で完璧なリリーフを演じてみせたのです。試合中はもちろん真剣勝負ですが、見どころもあったほうがファンの人たちも喜んでくれるはず。3人の継投が「勝利の方程式」と呼ばれるようになれば、僕たちも励みになります。

良好なコミュニケーションは、お互いを信頼しているからこそ築けるもの。僕はそう信じています。カープの選手たちのコミュニケーションはすごく円滑です。だからこそ、チームは今以上に強くなれる。僕も、主力としてそこに加われるよう、これからもっと実力をつけていきたいです。

COLUMN

私が見た「大瀬良大地」の素顔

前田健太 投手

KENTA MAEDA

現ロサンジェルス・ドジャース

「2015年の苦い経験を生かせば、大地はもっといい選手になる」

大地は「今までにいないタイプの野球選手だな」ってすごく感じますね。プロに入るような選手って、それまで自分が中心でやってきたような人間がほとんどだと思うんで、どちらかというと自己主張が強かったりするんですけど、大地はその真逆というか（笑）。おっとりしているし、自分から人に合わせようとするし、あと行動が遅い！　とか。

僕は最初に大地と話したのがほかのメンバーに比べて遅くて、彼が1年目の2014年春季キャンプ初日だったんです。それまでも、みんなから「本当に性格がいいやつだから」とか、監督、コーチからも「いろいろと教えてやってくれ」と頼まれていましたし、担当スカウトの田村恵《けい》さんからも「仲良くしてやってくれ」と言われていて。しかも、キャンプ初日に宮崎空港に着いてすぐ、記者の方たちに「2人で写真を」と撮影をお願いされたこともあったんで、比較的にすぐ仲良くなれたと思います。

そういう感じでキャンプから近い位置で大地を見てきましたが、本当にあいつは今までのカープにはいないタイプの選手でしたね。練習を一生懸命《いっしょうけんめい》にやるっていうのは新人であれば誰でもそうですが、それ以外の部分というか。大卒ルーキーに「休みの日は、なにしてた？」と聞くと、ほとんどの人は「遊んでいました」とか「みんなでご飯を食べに行きました」とか言うものなんですが、大地は「ウエイトですかね」って……。「こんなやつもいるんだ」と驚きました（笑）。

根は本当にまじめなんで、食事に行っても半分以上は野球の相談なんですよ。最初のうちは、こっちから冗談《じょうだん》を言ったりしても「はい」くらいしか返ってこない。だから、僕や中田廉なんかが「お前は面白くないからもっとくだけろ！」って何回も言いました。大地は、本当は飲めるんだけど、自分から進んでお酒を飲もうとしないので、僕たちが「飲んだほうが普通にしゃべれるんだから飲め」って促《うなが》したりしましたね（笑）。そんな周囲の苦労もあって、今ではだいぶ、くだけるようになりましたけどね。こっちが冗談を言ったりバカにすると、「ちっ」とか笑いながら舌打ちしたりしますから（笑）。

僕自身、堅苦しいのが苦手なんであんまり遠慮してほしくないんですけど、お金に関しては「もうちょっと遠慮してくれよ」と思ったことがあります（苦笑）。1年目に「新人王になったら欲しいものをプレゼントするよ」と言ったら、自分が思っていたより高いスーツを買いやがって（笑）。その後、テレビの企画で若手が腕時計を買うことになったんですけど、大地が「20万、30万くらいの……」なんて弱気な発言をしたんで、「給料上がるんだから、そんな小さいこと言わないで高いのを買え！」って、170万～180万円くらいのフランクミュラーを買わせました（笑）。僕も20歳くらいのころに、永川（勝浩）さんとか先輩たちから、高価な物を買って「もっと活躍できるように」と、モチベーションにすることを教わってきたので、そういうことを大地にも伝えたかったんです。

ピッチャーとしての大地に関して言えば、すごく期待しています。入団したときから力強いボールを投げていましたし、体全体に馬力がある。野球になると本当に気持ちが強くなりますし、頼もしい存在ですよ。

15年のシーズン最終戦で、僕が7回無失点に抑えたあとに大地が2番手で登板して、打たれて負けてしまった試合。あれも彼にとってはいい経験なんです。試合が終わってからもずっとベンチで泣いていたんで、「大地の責任じゃない。お前1人で負けたんじゃないんだから泣くな。しっかり前を向け」というようなことは言いましたけど、それにしてもあれは泣きすぎですよね（笑）。

僕自身、前年の最終戦で打たれて（14年10月6日、巨人戦。8回3失点）、2位になれず、広島でのクライマックスシリーズをのがした経験をしているんで、大地の気持ちはわかるつもりです。最後だけは打たれたかもしれないけど、それまでの彼は一生懸命に投げていたし、何回もチームを助けてくれましたから。それは絶対に色褪《いろあ》せることではないので、あの経験をバネにさらに力をつけてほしい。大地はそれができるピッチャーだと信じているんで、もっと成長してチームを背負って立つ存在になってもらいたいですね。

Carp
14

Carp
14

Carp
14

第2章 逆境

父の「最後までやり通せ」を信じてきた

今の僕にとって野球はすべてで、それ以外のことに集中するのは難しいといってもいいくらいです。その生活はたぶん、これから何年も続くでしょうし、1年でも長く野球とともに生きていきたいと強く願っています。

野球への思い――。それを芽生えさせてくれたのが父でした。

長崎県大村市で生まれた僕は、父が自衛官という職業についていたこともあって厳しく育てられました。うろ覚えですが、幼稚園のころから平手打ちをされていた記憶があるくらいです(苦笑)。最も厳しく教えられたのが人に対する礼儀。生まれたころから自衛隊の官舎に住んでいたので、すれ違う隊員の方など父の仕事の同僚や友人などに元気良く「こんにちは!」と挨拶《あいさつ》できなければ、「しっかり挨拶をしなさい!」とぴしゃっと平手打ちが飛んでくる……。子ども心に「きちんと挨拶をしないと、お父さんに怒られる」という恐怖心がありましたね。

だからといって、なんに対しても厳しかったわけではありませんでした。挨拶は、言ってしまえば何歳になっても当然の礼儀なのは当たり前。僕がいちばん父に感謝しているのは、「自分でやると決めたら最後までやり通しなさい」という精神を教えてくれたこと。僕にとって、それが野球だったのです。

学生時代にバレーをしていた父は身長178センチ。母も中学生まではバスケットボールをしていて168センチと、女性では身長が高いほうでした。そんな両親から生まれた僕ですから物心がついたころから身長は高く、クラスの整列ではほぼ最後尾だったかと思います。体格には恵まれている。でも、それで「野球に向いている」と思って始めたわけではありません。僕もほかの少年たちと同じように、テレビでプロ野球中継を見て「こんな選手になりたい」と憧《あこが》れて野球が好きになりました。

僕が大村市立竹松《たけまつ》小学校に入学したころは、まだ地上波で巨人戦が放映されていたため、地元・九州のプロ野球チームの福岡ダイエーホークス（現福岡ソフトバンクホークス）ではなく、巨人ファン。父が野球好きで夜の7時になるとチャンネルを合わせていたので、僕も毎日、巨人戦を見るのが楽しみでした。

好きな選手は1998年オフのドラフトで巨人を逆指名して入団した上原浩治《こうじ》さん。ストレートが速く、コントロールも抜群。ウイニングショットのフォークボールを武器に小気味良く相手バッターを打ち取る姿がものすごく格好良くて印象的でした。

でも実は、上原さん以上に憧れていたのが松井秀喜《ひでき》さんでした。当時から押しも押されもせぬ巨人のスラッガーで、毎試合のようにホームランをかっ飛ばす。あのころはまだ先発投手で1週間に1回しか見られない上原さんよりも、松井さんのほうが魅力的だったというか（上原さん、本当にすみません！）。ほとんどの試合でスタメン出場していたから、1日数打席見られる。「またホームランを打つんじゃないか」とワクワクしながら応援していたものです。小学校3年までは野球チームに入っていませんでしたから、放課後に校庭などでクラスメイトたちとプラスチックバットとゴムボールで、よく野球をしていました。そのときは決まって、巨人の1番バッターから8番バッターまでの選手をマネしていました。もちろん、松井さんのあの、首をクイ、クイとひねるようなしぐさも再現して（笑）。

そんな僕が本格的に野球を始めたのが、父の転勤で鹿児島県霧島《きりしま》市に引っ越した小学4年生から。僕が転校した霧島市立国分西《こくぶにし》小学校には「国分西軟式スポーツ少年団」という野球チームがあったため、入団。野球好きの父は、「野球をやれ」とは言わなかったものの、内心では僕が自分の意志で始めたことがうれしかったはず。だから、「やるからには最後まで続けろ」と言ってくれたのだと思います。

最初に守ったのはセンター。監督さんから言われたからです。憧れの松井さんと同じポジションでした。4年生のあいだはセンターとショートを守りましたが、5年生になると「ピッチャーもやりたいな」と思うように。これこそ、上原さんの影響なのかもしれませんが、子どもはやっぱり「速い球を投げたい、三振をいっぱい取りたい」と自然に思うもの。だから僕も、思いきって監督さんに「ピッチャーをやらせてください」と直訴《じきそ》。そこからは、6年生の先輩と交互にピッチャーとショートをやるようになり、僕が6年生になっても、登板しない試合ではショートを守りました。

小学4年生で野球を始めてから10年以上。今でも大好きなピッチャーとしてプロのマウンドで投げています。小学生当時は大した選手ではなかったのですが、父の「最後までやり通せ」という教えがあったからこそ、今があるのだと信じています。

茂野《しげの》吾郎《ごろう》と大瀬良大地

『キングダム』というマンガにハマりました。『週刊ヤングジャンプ』で連載中の、中国の春秋戦国《しゅんじゅうせんごく》時代を題材にした作品なんですが、すごく面白い。もともとはカープの先輩・福井優也《ゆうや》さんから「面白いよ」と勧められたのがきっかけですが、読み始めたら単行本で既刊のものはすべて読破しました。

だからといって「すごいマンガ好き」というわけではありません。興味があれば一気に読むし、なければ読まなかったり、途中で挫折《ざせつ》してしまう。『週刊少年ジャンプ』で連載中の大人気マンガ『ONE《ワン》 PIECE《ピース》』は典型で、50数巻までは楽しんで読んでいたのに、今はまったく読まなくなりました(苦笑)。ストーリーが完結したら、続きは必ず読みたいとは思ってますが……。

好きなマンガには偏《かたよ》りがあって、学生時代なら『風光る〜甲子園〜』や『Dreams《ドリームス》』。最近なら『ラストイニング』と、どうしても野球を題材にした作品を好む傾向にあります。その中で、僕にとって最も思い入れがあるマンガが『MAJOR《メジャー》』です。小説でもそうなのかもしれませんが、作品に登場する人物と自分を重ね合わせて共感する人は多いかと思います。僕もそうでした。

僕は小学生から中学生にかけて、右ヒジの故障に悩まされてきました。

5年生でピッチャーを始めてからというもの、時間さえあれば投げていました。練習が終わってからグラウンドでピッチングをして、自宅に戻ってからも自衛隊の官舎にちょうどいい壁があったのでそこで延々と「壁当て」をしたり……。

小学6年生のある日のことでした。いつものように学校で朝のラジオ体操をすると、右腕だけ「両腕を上下に伸ばす運動」ができなくなっている。本来なら両手の指先を肩に当てて真上に伸ばさなければならないのに、右手の指だけが肩につかない。しかも、ヒジを曲げると痛い。「これはおかしい」と病院に行くと、「野球ヒジです」と診断されました。でも、「安静にしていれば治りますよ」とお医者さんに言われたので、痛みが癒《い》えてからはまたいつものように投げ込みの日々を続けました。

明らかにヒジが異常だと認識したのは、霧島市立国分南中学校2年のときでした。

どうしても痛くて投げられなくなったので再び病院で診《み》てもらうと、先生に「右ヒジに遊離軟骨《ゆうりなんこつ》がある」と言われました。いわゆる「ネズミ」です。プロでもシーズンオフに除去手術をすれば翌年の開幕までにはじゅうぶんに治せるケガですが、中学生の自分にとっては大ケガでした。投げられないわけですから、「もう、野球ができないんじゃないか」と、気持ちが相当滅入ってしまったのです。

そんな時期に出会ったのが『ＭＡＪＯＲ』でした。

もともと右利きの主人公・茂野吾郎《しげのごろう》も小学生時代から投げすぎてしまったために肩を壊してしまい、一時期、野球から離れた。でも、どうしても野球を続けたくて、中学に入ってから左投げの投手として再生を果たした――。右ヒジを故障した時期にそのシーンを読み、とても勇気づけられました。「俺もこんなふうになれるんだったら、ちょっと頑張ってみようかな。左右のバランスがとれるかもしれないし、今後に役立つかもしれない」。こうして僕は、左投げの練習を始めました。

ピッチャーはできなくなった。でも、チームでは4番バッターを任されていたので、試合には出なくてはいけない。「みんなに迷惑をかけちゃダメだ」。その一心で、小学生時代と同じように官舎の壁当てに没頭しました。長い距離を送球することが少ないファーストくらいしか守れるポジションがなかったため、「正確なボールを投げよう」と放課後の練習後も居残りでネットに向かってボールを投げました。本来右利きの僕にとって送球はもちろん、捕球もかなり難しいプレーです。だから、左利きのチームメイトからファーストミットを借りてノックも山ほど受けました。

2006年4月。右ヒジが完治しないまま、中学3年生になりました。父の転勤により再び大村市に戻り、市立桜が原中学校に転校。ここでも野球部に入り、ファーストを守りました。中学3年になると、進路を決めなければなりません。06年と言えば、清峰《せいほう》高校が春のセンバツで準優勝を果たし全国的にも強豪校として認められていたころでした。同じ長崎県に住む僕にとっても憧れの高校であり、中学校の最初の進路希望では第一志望に「清峰高校」と書いたくらいです。

「縁ってすごいな」と感じたのもちょうどこの時期でした。

99年のセンバツで沖縄尚学《しょうがく》高校を沖縄県勢初めての全国制覇に導いた金城孝夫監督が、06年に長崎日本大学高校の監督に就任したという話は僕の耳にも入ってきました。地元では「日大」と親しまれている同校は、その当時の段階で春夏合わせて8回も甲子園に出場。ベスト8進出2回の実績を持つ名門校です。「全国制覇を経験している監督だから、長崎日大は強くなるだろうな。日大で清峰を倒して甲子園に行くのも悪くないかも」。僕は決心し、第一志望を「長崎日大」に変更しました。

その金城監督が「桜が原中学の練習試合を見に来る」と聞いたときには、体中に力がみなぎったことを覚えています。僕ともう1人、チームの主軸だった田中槙一《しんいち》がお目当てだったようですが、僕はなんと、その試合で大きなホームランを打ったんです。できすぎたドラマのような話ですが、本当なんですよ！　試合前から「金城監督にいいところを見せたい！」とすごく張りきっていたので、結果を出せて良かった。このホームランがなければ、長崎日大に入れなかったでしょうし、今の自分もいなかったかもしれない。本当に「縁ってすごいな」と感じています。

右ヒジはというと、一向に治る気配がありませんでした。お医者さんには、「中学3年の夏に手術をしても、高校の入学までには完治するから」と診断されたので、それまでは左投げを続けました。

でも、「投げられなくても捕球だけはしっかりしよう」ということで、最後の中体連（中学校体育連盟）の大会では右投げで出場。ボールは「ブン投げ」状態の下投げでやり通しました。チームとしても地区大会の決勝戦で負けてしまい全国大会に出場することはできませんでしたが、右ヒジを故障してもあきらめず、中学3年間、野球を続けられたことに満足しています。

「即席左利き」の苦労と財産

野球部を引退後も、「即席左利き」の苦悩は続きます。

中学3年の夏に右ヒジを手術したので、右腕はギプスで固められたまま動かせない。だから、ご飯を食べるときも箸《はし》は左手で、鉛筆を持つのも左手のため、宿題は本当に苦労しました。書くのに時間がかかり、提出日に間に合わず先生に怒られましたが、「ケガをしたのは自分のせいなんだから、言い訳はしたくない。しっかりやってから出そう」と、遅れても最後まで宿題を終えると、それまで怒っていた先生が感激し、「大瀬良は慣れない左手でここまで頑張ったんだぞ。みんなも見習え！」と、クラス全員の前で言ったことがありましたね（笑）。

僕は体は大きいほうでしたがクラスではそれほど目立つほうではなく、みんなが騒いでいる光景を笑いながら見ているようなタイプでした。根が「面倒くさがり」なので（苦笑）、学級委員も生徒会役員もやったことがありません。「左手で宿題をやった」とか、まじめエピソードを取り上げられては、「やってみれば？」とクラスメイトに推薦《すいせん》されても「俺はいいよ……」と、やんわりとことわるのが僕です。

それでも中学の、とくに転校して出会った桜が原中学校の友人は一生の宝です。今でも広島にしょっちゅう遊びに来てくれるし、年末などに僕が帰省したら友だちの彼女や奥さんたちともほぼ毎日一緒にいるくらい。本当に大親友と言っていい関係です。

ちなみにですが、今でも左でそこそこ投げられますよ。遠投なら80メートルくらいでしょうか。変化球も、いちおうカーブくらいなら少しは曲げられます。左利きの畝龍実《うねたつみ》ピッチングコーチからグラブをお借りして、たまに練習などで遊んだりするんですが、やっぱりみんなから驚かれます。「お前、すごいな!!」って（笑）。

私が見た「大瀬良大地」の素顔

COLUMN

RYOSUKE KIKUCHI

菊池涼介 内野手

「大地はイジリやすいやつ（笑）。飲み会中にドロンはダメだぞ！」

プロ野球選手って野手陣は野手陣、投手陣は投手陣で、ある程度は仲がいい選手が決まってくるんですけど、僕はみんな同じくらい仲がいいですね。とくに大地には、かなりちょっかいを出しています（笑）。

最初にあいつと出会ったのは、2013年の日本代表「侍ジャパン」の台湾代表との強化試合でした。当時の大地はまだ大学生でしたけど、すでにカープからドラフトで指名されていたので、「お前は大瀬良だから『京セラ』だ！」って僕から声をかけました。なんか語呂が似ているじゃないですか（笑）。大地は「はい？」って不思議そうな顔をしていましたけど、「京セラでいいんだよ！」って僕なりの愛情を注ぎましたね。今ではそのネタもすっかり枯れてしまいましたが（苦笑）、あいつは僕みたいなふざけた態度にもしっかりと相手してくれるんで、こっちとしてもイジリがいがあります。シーズンに入ってしまうと、野手と投手、とくに先発ピッチャーとは生活リズムが全然違いますから球場とかで絡《から》むことは少ないんですけど、大地とは寮の部屋が隣だったんで、毎日のようにちょっかいを出していました(笑)。

あいつ、寝相がすごく悪いんですよ！　僕たち野手は、試合がナイターだと寮に帰ってくる時間が夜中の2時くらいになるんですが、大地は投げない日だとその時間にはすでに寝ていて、完全に「爆睡モード」に入っているから、寝返りを打ちまくって足とかが壁に当たっているんでしょうね。ドン、ドンって音が僕の部屋に響いてくるんですよ。で、僕も「うるせぇぞ！」とか叫びながら壁を叩《たた》き返したりするんですけど、大地のやつ、まったく起きないんです(笑)。あいつは部屋の鍵をいつもかけていないんで、僕が部屋に乗り込んで「大地、帰ってきたぞ！」って起こしたりもしましたね。でも大地は、半分寝ぼけているんで「は……はいぃ？」みたいなリアクションしかしないから、「大地、俺だぞ、俺！」ってしつこく体を揺すったりすると、「お帰りなさぁい」って言って、また寝る。翌朝になるとあんまり覚えていないみたいで、「昨日の夜、部屋に来られましたか？」って聞いてくることもあったなぁ。寮ではそんな毎日でした(笑)。僕は15年のシーズン後まもなく一足先に退寮し、大地もそのあと寮を出たので、その絡みがなくなったことは、かなり寂しいです。

でもまぁ、プライベートでもよく食事に行くんで、「大地イジリ」はこれからもずっと続くでしょうね。たいていは僕から「飲みに行くぞ！」って誘うんですけど、大地はほとんどことわりませんよ。つき合いはいいですからね。

だけど1回だけあいつ、僕に逆らったことがあるんですよ！　14年のオフに珍しく大地から「近いうち飲みに連れていってください」って頼まれていたんで、僕もうれしくなって、数日後、プロバスケットチームの広島ドラゴンフライズの選手や大地、それに彼の地元の友人とかと大勢で飲んだんです。楽しくて大地にいっぱいお酒を飲ませたらだんだんグロッキーになって、気づかないうちに「ドロン」しやがったんですよ！　僕になにも言わずに帰っちゃったんです。そうなったら、次の日からはイジリ倒しですよ（笑）。「大地、ドロンはいかんぞ」「本当にすみません！　次の日、用があって東京に行かなくちゃいけなかったんで……」「関係ねぇ！」。これからも食事に行くときは、そのネタはずっと使いますよ（笑）。

プライベートではいつも僕を楽しませてくれる大地ですけど、ピッチャーとしてのあいつは安心して見ていられますね。大地がプロ初完投勝利を記録した14年5月1日の阪神戦なんかは今でも覚えていますけど、「こいつは本当にマウンドに立つと気持ちが強くなるな」と、感心しますね。だから、ピンチとかで野手がマウンドに集まっても、僕からなにかを言うことはほとんどないです。たまに、「ビシッと抑えろよ、ビシッと！」って励《はげ》ますくらいですかね。

1年目は新人王になって、2年目は中継ぎとかも経験して、大地の中で課題もあると思うんですよ。でも、あいつは本当にしっかりしているんで、野球に関してだけは（笑）。16年はまた、ひとまわり成長した姿を見せてくれるんじゃないですか？　大地がたくさん勝てるように、僕も守備やバッティングであいつを盛り立てていきたいですね！

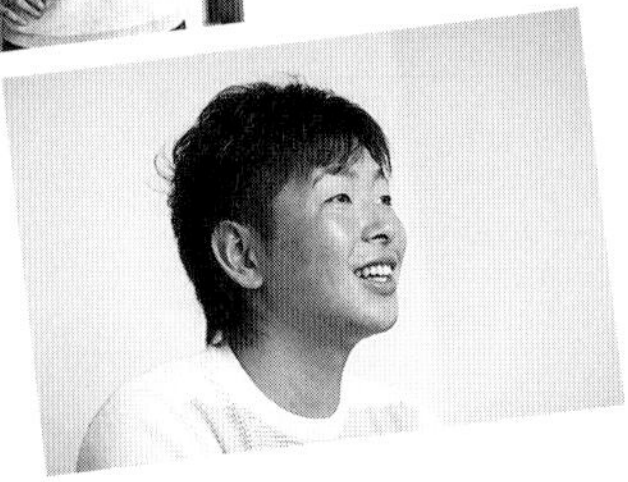

14
KURI
12

第3章

球《きゅう》友《ゆう》たち

「200%の力」を出しきれた高校3年間

「清峰を倒して甲子園に行きたい」

強い決意で長崎県諫早《いさはや》市の長崎日本大学高校に進学した僕は、迷わず野球部の門を叩《たた》きました。中学校3年生の夏に手術した右ヒジは完治していたのですが、「でも、いきなり思いっきり投げるのは」と不安も多少はあったため、最初に希望したポジションは中学時代から守っていたファーストでした。ですが、僕にはピッチャーとの縁があったようです。

入学直後のこと。金城孝夫監督が「新入部員の実力を知りたい」と、1年生のみのノックを行いました。最初はファーストを守っていた僕ですが、「一塁から二塁へのスローイングがいい」とのことで「サードに行きなさい」と、監督に言われるがままサードでノックを受ける。すると、「ピッチャーはやっていなかったのか？」と聞かれる。「やっていました」と答えると、「ブルペンに行け」（笑）。最初は不安があったピッチャーでしたが、あっというまに転向させられました。

だからといって、すぐにベンチ入りできたわけではありません。僕が入学した2007年時の3年生には、エースで4番の大黒柱・浦口侑希《うらぐちゆうき》さんをはじめ、実力のある先輩方が多数いたため、自分が入り込む隙《すき》などありませんでした。だから、練習と言えば、走り込みが中心。さらに足腰を強化するために外野でノックを受けたり。ピッチングよりもそちらのほうに時間を割《さ》いたくらいでした。

1年の夏の大会はスタンドで応援しましたが、チームは甲子園に出場。浦口さんの活躍などもあり、ベスト4と結果を残しました。当時の自分はまだまだ実力不足でしたが、スタンドとはいえいきなり甲子園を経験できたことで、「いつかは俺もあの場所で投げたい」と改めて決意を固めることができました。

清峰を倒して甲子園に行く――。ただ行くだけではダメです。自分がエースとしてマウンドに立っていなければ意味がない。そのためにはまず、チーム内の競争に勝たなければなりません。僕を奮い立たせてくれたのは、同学年の中村義紀《よしのり》（現・九州三菱自動車）が1年の秋からエースナンバーを背負ったことでした。一方で自分はというと滑り込みでベンチ入りできるようなレベル。「中村に勝たないと」。その一心でとにかく練習に励《はげ》みました。中村が、というわけではありませんが、例えば練習中のランニングでちょっとでも休んでいる同級生がいれば、「よし、こいつらが休んでいるあいだに1本でも2本でも多く走ろう」と、とにかく数だけはこなしました。「自分はまだまだ実力が足りないから、やらないと」。それだけがモチベーションでした。

1年生の夏に甲子園ベスト4に進出した長崎日大ですが、それ以降は思うような成績はなかなか残せませんでした。1年秋は県大会準決勝敗退、2年春は県大会前の地区予選で敗れ、夏も3回戦まで。最上級生となり初めての公式戦となった2年生の秋も、僕はエースナンバーをもらいましたが、県大会の2回戦止まり。「もっと鍛えないとダメだ」と、冬からフィジカルを徹底して鍛えました。

中でも、「食トレ」と呼ばれる、ご飯を多く食べる習慣を身につけるのは大変でしたね。当時は身長186センチでしたが、68キロと体が細かったので、とにかく食べた。自宅のある大村市と、長崎日大がある諫早市は隣だったので自宅通いだったんですが、母にお願いして、弁当2つと大きなおにぎり5、6個。加えて、学生食堂でうどんやカレーなども食べたり。その結果、最後の夏前には10キロほど増えました。

チームの中では中村に勝ち、エースになることができた。でも、当時の長崎県には超えなければならない高い壁がありました。そう、清峰高校です。3年春（09年）のセンバツで優勝。最速148キロのストレートを持つエースの今村猛は、一躍全国区のピッチャーとなりました。前年の夏にも甲子園を経験していたこともあり、「俺たちの代は、今村猛が中心になるんだろうな」という予感はありましたが、まさかあそこまでのピッチャーになるとは……。だからといってチームは悲観的ではなく、むしろ「打倒・清峰」「打倒・今村」の意識が高まったくらいでした。

自分も負けてはいられない。最後の夏の直前、僕は金城監督の勧めもあり、ピッチングフォームの修正に着手しました。ボールを投げる際に左肩が早く開くという、ピッチャーにとって悪い癖があったにせよ、その時期に直すのは賭けです。失敗すれば、それまでの努力が水の泡となってしまう可能性だってある。今までとまったく違う感覚で投げるわけですから、1球ごとの疲労感、体にかかるストレスはハンパなかった。「本当にこんなフォームでちゃんと投げられるのか？」という不安はありましたが、監督もつきっきりで指導してくれていたので、とにかく信じるしかない。1球、1球、丁寧《ていねい》に投げているうちに体がそのフォームに慣れてきて、夏の大会が始まるまでには、「しっくりきたな」と思えるほど手ごたえをつかめたのは幸運でした。

09年7月22日。日本で46年ぶりの皆既日食《かいきにっしょく》という日に清峰との対戦を迎えました。準々決勝が行われる佐世保《させぼ》野球場は、日食のため昼間なのにナイター照明が灯《とも》る不思議な空間。チームとしても「やっと清峰とやれる！」と盛り上がっていたこともありますが、僕自身、「こんな珍しい日に投げられるのは幸せだ。ここで清峰に勝ったら、全国的にも名前が知れ渡る」と、一層燃えたことを覚えています。

大会中から「今村対策」として150キロのバッティングマシンを、通常の距離よりさらに前に設置して打ち込んだ成果は、初回に2点先制という形で発揮されました。相手打線は大会を通じて調子が上がらず、とくにスライダーにはまったくタイミングが合っていなかった。それを事前にビデオやミーティングで確認していたため、僕も「いつもどおり投げれば、抑えられる」と冷静になれた。それにしても、9回4安打、9奪三振、1失点で、あの「日本一」の清峰に3対1で勝つことができたんですから、内容も結果も出来すぎでした。あの瞬間の長崎日大はお祭り騒ぎ。たぶん、その後、決勝で甲子園行きを決めた瞬間よりも喜んでいたと思います(笑)。

さすがだったのは、全国制覇を経験している金城監督です。僕たちが浮かれないよう、「ここからが大事なんだ。優勝できなければ、清峰に勝ったことも意味がなくなるぞ！」。そのひと言で、チームはさらに引き締まりました。準決勝の瓊浦《けいほ》高校戦では、8回までノーヒットノーランに抑えながら、9回に1点差まで詰め寄られた。それでも、仲間たちが守備で僕を盛り立ててくれて、3対2で勝利。決勝戦の創成館《そうせいかん》高校との試合でも、初回に4点先制の援護などもあり、7対4。念願の甲子園への切符を手にすることができたのです。ちなみに、相手の「8番・ライト」が、第2章でお話しした、桜が原中学時代に金城監督が僕とともに目をつけていたという田中槙一でした。僕が打たれた7安打のうち、田中だけに2安打されたのは、ちょっと悔しかったかな(苦笑)。

猛や田中。高校時代は本当にすごい選手、球友《きゅうゆう》たちとの対戦に恵まれた僕ですが、まさか甲子園でもそうなるとは思ってもいませんでした……。

「絶対に引くなよ！」。甲子園の抽選会で、僕らチームメイト全員から釘を刺されたにもかかわらず、キャプテン・中村幸之介《こうのすけ》が引いた相手こそ、すでに注目されていた菊池雄星《ゆうせい》（現埼玉西武ライオンズ）がいる、岩手県の花巻東《はなまきひがし》高校だったのです。

抽選会の直後こそ、「マジかよぉ」「花巻東だけは引くなよって言ってたのに！」とやや悲観的だった長崎日大ですが、相手が決まった以上は気持ちを切り替えなくてはいけません。次第に「当たって砕《くだ》けろじゃね？」「つーか、勝ったら俺ら有名になれる！」といった具合で、テンションは日に日に高まっていきました。

ただ、僕に関して言えば、そのテンションに体がついていかず、試合の3日ほど前にぎっくり腰に……。甲子園に入ってから調子が上がらず焦《あせ》っていたこともありましたが、試行錯誤を繰り返しながら投げたのが良くなかったのでしょう。ブルペンで投げた瞬間、全身の力が一気に抜け、立てなくなりました。

車椅子《くるまいす》姿。2人以上で支えられていないと立ち上がれない僕を見た瞬間、チームには「終わった……」という雰囲気が明らかに出ていました。万策尽きたか――そんなムードが漂う中、チームの関係者のつてで、佐賀の気功師を紹介してもらいました。ちょっと信じられないでしょうが、その先生に大阪まで来てもらって様々な施術《せじゅつ》を受けたら、体が動くようになったんです！

「なんだこれ？」。自分でも不思議な感覚でしたが、とにかく体が動く。あとから練習に合流してウォーミングアップを開始すると、仲間たちがぽかーんとした表情で僕を見ている（笑）。ブルペンでも調子がいい。「これなら行ける！」。

8月12日。大会3日目の第4試合が、僕たちにとって運命の一戦となりました。長崎日大打線は本調子ではない花巻東の菊池雄星をとらえ、2回に1点、6回に2点と着実に得点を重ねました。僕自身、この試合で自己最速の147キロを叩き出すなど5回まで3安打無失点と、ほぼ完璧《かんぺき》な投球内容だったと思います。花巻東はその年のセンバツの決勝戦で清峰に負けており、この夏は今村猛にリベンジしたかったはず。世間も猛と雄星の再戦を望んでいただけに、最初は長崎日大の影は薄かった。でも、この時点では間違いなく番狂わせのムードが漂っていることを感じましたね。

だけど、僕の体力は限界でした。6回と7回に2点ずつを返され、ライトに回った時点で心身ともに緊張の糸が切れてしまったのでしょう。7回、8回に1点ずつ加えていた長崎日大が5対4と1点リードで迎えた8回裏。7回途中からマウンドに上がっていた寺尾智貴《ともたか》がヒットと死球でピンチを広げてしまったところで、再び僕が投げることになりました。でも、下半身が言うことを聞いてくれない。その後、エラーで無死満塁。一打逆転のピンチの場面で、相手の8番・佐々木大樹《だいき》（現・室蘭シャークス）への初球のストレートをセンター後方に運ばれる、走者一掃のツーベースを打たれ、逆転負け。あの1球は「スライダーから入ったほうがいいかな？」とも思いましたが、キャッチャーを信じていたから悔いはありません。チームメイトと甲子園に出場でき、しかも、「高校ナンバーワン」と呼ばれた雄星と対戦できただけでもいい思い出です。僕の高校野球は、２００％の力を出しきれました。

忘れられない「ときめき」と「興奮」

高校時代は野球漬《づ》けの毎日でした。週に1日設けられた休みも整骨院などに行き体のケアに努めていたので、「完全なオフ」はなかったかと思います。

あと、金城監督には入学したときから「野球と勉強を両立できないとダメだ」とずっと言われてきたし、部活動でも「2時間は勉強」という日もあったのでサボるわけにはいかない。中学時代はまったくと言っていいほど勉強をしたことがなく、とくに数学が苦手で赤点も取っていたくらいですから（苦笑）、最初は授業についていくことがやっと。中学時代の自分なら「もういいや」とあきらめて寝たりしたかもしれませんが、そこは野球と一緒で、「ほかのやつが寝ているあいだに、少しでも差をつけたい。ここで努力することが、野球にも結びついてくれるはずだ」と。

しかも、野球部内にも中間、期末テストの結果が発表されるため、「みんなに負けたくない」といった気持ちも強くなる。だから、授業中は眠い目をこすりながら、体にムチを入れながら（笑）必死に勉強していました。

「勉強も野球と同じなんだ」と感じたのは、やればやるだけ身になることです。数式が1つ解けるようになると、「今までできなかったことができた」と、うれしくなる。別に自慢するわけではありませんが、ちゃんと勉強したことでクラスでも10番前後、野球部でも上位とまずまずの成績を残せたと思っています。中学時代を知る親友などからは、「どうしたお前！」と、驚かれたくらいです（笑）。

野球と勉強。それだけだと「まじめ」と思われてしまうでしょうが、僕にも「癒《い》やしの時間」がありました。部活の朝練の内容が、実際は練習よりも掃除と読書中心だったこともあって、ある時期、小説をよく読んでいたのです。中でも「恋愛もの」が大好きで、ケータイ小説から大ヒットした『恋空』にはハマりましたね。この作品は高校生の妊娠とかちょっと複雑な内容でしたが、面白かった。ほかにも純粋なラブストーリーを読んでは「こういう生活をしてみたいな」って。彼女と遊ぶ時間なんてなかったから（作ろうと思って彼女ができたかはさておき……）、恋愛小説でしかときめけなかった（苦笑）。でも、クラスメイトたちとはいつも仲良くしていたし、楽しかったですよ。

学校行事の中でいちばんの思い出と言ったら、やっぱり修学旅行です。中学時代は鹿児島の国分南中学校にいた2年生のときでしたが、行った場所が生まれ故郷の長崎……。見学先に詳しい僕はクラスメイトの「ガイド役」みたいな感じになってしまったので、正直、心から楽しめたかというと、そうでもありませんでした。

だから、シンガポールとマレーシアに行った、高校の修学旅行は本当に満喫できました。初めての海外でしたし、異国の文化や食事、気候など、すべてが新鮮。1日だけ一般家庭にホームステイしたのですが、英語が話せず身振り手振りのコミュニケーションも、いい経験でした。この修学旅行のとき、いちばん楽しかったのは夜の自由時間。クラスの「イジられキャラ」に仕掛けた「ドッキリ」は、本当に面白かった(笑)。

「今日の夜、あいつを驚かせてやろうぜ」。本人には内緒で昼間から綿密な作戦を練りました。お化け役、浴室の電気を点滅させる役、カーテンを揺らす役……各自役割分担をして迎えた夜。深夜2時の丑三《うしみ》つ時《どき》あたりに、イジられキャラの彼が熟睡していることを確認すると、実行に移しました。物音を立ててそいつを起こし、カーテンを揺らす。オロオロしながら部屋をうろついている最中に浴室の電気をチカチカさせ、恐怖でベッドの下に潜り込んだ彼の足を引っ張ってフィニッシュ!「マジで怖い、マジで怖い……」と泣きながら怯《おび》えている友だちを見ながら、僕らは大爆笑でした。

ただその夜は、ネタばらしをして終了……ではありませんでした。僕らがあまりにも大騒ぎしたものだから、そのフロアに駐在していた警備員さんが不審に思い、ドアをドンドン!とノックしてきたのです。班の1人が「誰だろう?」と鍵穴から覗《のぞ》くと、その警備員さんが銃を持っている。「やばい！　殺されるぞ!!」。実際は「大丈夫か？」くらいの確認だったのでしょうが、高校生で初海外の人間も多かったので、「外国やべぇ！」とみんなビビって……。「寝たふりをしようぜ」とすぐに部屋の電気を消し、ドアを開けずに朝までシラを切り通しました（笑）。

あの夜はいろんなことがありましたが、野球部の仲間とは違う団結力を確認できた。高校の修学旅行は本当に今でもいい思い出です。

先輩の背中を追い続けた大学時代

「金城監督と似ているな」

それが、僕が福岡県北九州市の九州共立大学への進学を決断した理由の1つでした。同大学の仲里清監督も金城監督同様に人間性を大事にしているというか、「野球だけを真剣にやっているだけではダメだぞ」と教える監督さんでした。長崎日大高校で甲子園に出たことで複数の大学からお誘いをいただきましたが、仲里監督とお話しする中で、そのような教えを説いてくださったことがとても大きかったです。

大学1年の春（10年）から公式戦で投げさせてもらい、福岡六大学リーグで5勝。いきなり優勝を経験することができました。当時はピッチングの能力を高めることに重きを置き、ストレートを磨いて、基礎トレーニングを徹底的に行っていましたが、意識的な意味で成長を遂《と》げるきっかけとなったのは2年生になってからでした。

11年春シーズンのあと、日米大学野球選手権大会のための全日本の代表合宿に呼んでもらい、そこで当時「大学ビッグ3」と注目を浴びていた東海大学の菅野智之《すがのともゆき》さん（現巨人）、明治大学の野村祐輔さん（現広島）、東洋大学の藤岡貴裕《たかひろ》さん（現千葉ロッテマリーンズ）と出会いました。あのころの僕にとって、お三方は超有名人。雑誌などでしか見る機会がなく、初めて挨拶《あいさつ》をさせてもらった際には、心の中で「うわぁ、ビッグ3がいるよ」と、ただただ感激しているだけでした。

年齢も2歳上の先輩ですから僕から話しかけられるわけでもなく、遠くで3人を眺《なが》めながら「合宿期間に少しでもお話できたらいいな」くらいの希望しかありませんでした。その状況が一変したのがアメリカ遠征での移動中、乗り継ぎで時間があいたときのことです。当時、横浜商科大学にいた同学年の岩貞祐太《いわさだゆうた》（現阪神タイガース）と一緒にいると、最初のきっかけは忘れてしまいましたが、とにかくお三方から「ご飯でも食べようよ」とお誘いを受け、5人でピザを食べました。それ以降は僕からも気軽に声をかけられるようになったわけですが、3人のすごいところはなんでも教えてくれること。菅野さんは、「カーブを投げられたほうがいい」と投げ方を教えてくれましたし、祐輔さんも藤岡さんも「試合で100％の力を出すための準備」など、技術や日ごろの心がけに至るまで、本当に包み隠さずご自分の経験や考えを伝えてくれた。今でも思いますが、あのとき代表に選ばれていなかったら、こんなに野球に対する考え方が広がることはありませんでした。

「一先輩」として様々なことを教えてくれたのが菅野さん、祐輔さん、藤岡さんならば、試合を通じて高みを目指すことを教えてくれたのが、当時、僕の1学年上の3年生だった、創価大学の小川泰弘《やすひろ》さん（現東京ヤクルトスワローズ）でした。

2年秋の明治神宮野球大会。2回戦の創価大学との試合で9回を投げ、10安打されながらも10奪三振、3失点と最低限の仕事はできたと思っていましたが、それ以上のパフォーマンスを披露したのが小川さんでした。4安打、11奪三振の完封劇。試合に負けた悔しさ以上に、圧倒的なピッチングをまざまざと見せつけられた僕は、「小川さんに勝たなければ、成長できない」と感じたものです。

11年のオフは「打倒・小川さん」の目標を掲げ、「創価大学は春にも絶対に出てくる。だからうちも全国大会に出て、必ず勝つ！」と、練習に励みました。早朝の5時から練習を始め、それまでは重視していなかったウエイトトレーニングも多く取り入れ、カットボールなど新しい変化球の習得にも挑戦しました。そして迎えた翌12年春の全日本大学野球選手権大会準々決勝。このときも小川さんは8回4安打、2失点と相変わらずのパフォーマンスでしたが、そのときは僕のほうが上回った。3安打完封。チームも2対0で勝利し、前年のリベンジを見事に果たせたのです。準決勝で早稲田大学に2対3で敗れてしまいましたが、小川さんを倒すためだけにオフの練習をやってきたと言っても過言ではなかったため、達成感がありました。

正直、3年生までの僕は、「チームの勝利のために」という気持ちで投げてはいましたが、心の奥底には「まずは自分」というわがままな考え方があったんです……。だから、

4年生となり仲里監督からキャプテンに任命されたときは驚きましたし、正直、「やりたくない」とすら思っていました。だから、申し訳ないと感じながらも、監督に「自分の性格上、無理だと思います」と率直に気持ちを申し伝え、一度はことわりました。

「お前なら、普段どおりやっていれば大丈夫だよ」

そう言ってネガティブな僕の背中を押してくれたのが、1学年上のキャプテンで、同じ投手である竹下慎吾さん（現東京ヤクルト）でした。ピッチャーは普段の練習で野手とは別メニューな場合が多いこともあって、キャプテンを務めるのは稀《まれ》ですが、竹下さんはそれを全《まっと》うされました。1年間、チームを引っ張っていく姿を見ては「大変そうだな」と感じていましたが、その先輩から「大丈夫だ」と言われたのなら、ことわるわけにはいきません。僕は覚悟を決め、キャプテンを引き受けました。竹下さんは「普段どおりで」と言いましたが、いざキャプテンとなると「やらなきゃいけない」と、自然と自覚が芽生えてきました。チームとは、全員が同じ方向を向かなければ、試合に勝つことはできません。だから、少しでもみんなとの歩調が合わない選手がいれば、積極的に声をかけました。

キャプテンとして最も苦労したのが、私生活の改善を促《うなが》すことでした。部屋が汚い、朝練には遅刻する。そんな寮生がいれば、「俺の部屋で寝泊まりしろ」と、半強制的にその選手を自分の部屋に連れ込み、「軟禁」しました。朝は5時に起床。「はええよ!」とグチグチ文句を垂《た》れる選手を叩き起こし、練習に連れていく。「まだ眠いから、さすがに練習は無理!」とダダをこねると、「じゃあ、寮のまわりの草むしりくらいできるだろ」と環境整備から始めさせました。すると、いつのまにか自分から起きるようになり、寮の近所に住むおじさんやおばさんたちと会話をしながら楽しそうに掃除をするように。そして、「俺も練習したいわ」と、僕と一緒に朝練をするまでになったのです。全員にそれをやらせたわけではありませんが、中には「ベンチ入りは無理だろうな」と思われていた選手が最終的にベンチでのムードメーカーになったり、本当にみんな、僕についてきてくれた。ほかでも、長崎日大高校時代のチームメイトでありライバルだった中村義紀も、高校では最終的にベンチ入りできませんでしたが、ともに進んだ九州共立大学ではメンバーに選ばれ、今でも九州三菱自動車の硬式野球部でプレーしている。

学生時代にともに戦った球友たちが、大学での経験を糧《かて》に今でも頑張っている姿に触れると、僕は自分のことのようにうれしくてたまりません。

教員免許を取得した理由

大学時代、僕には野球で結果を出すことのほかに、もう1つ目的がありました。それは、体育の教員免許を取得すること。目標は、あくまでもプロ野球選手です。でも、仮にプロとなり長く現役を続けられても、いつかは必ず第2の人生を選択しなければなりません。そんなことを考えると、「教員免許を持っていたほうが、野球をやめたあとの仕事の選択肢が増えるんじゃないか」と。それに、大学で学んだことを野球以外のところでも還元していきたいという考えもありました。

僕はスポーツ学部に在籍していたのですが、そこで取得しなければならない単位のほか、教員免許を取るための授業もあったりと、1、2年あたりまでは朝から夕方まで授業。そこから練習というハードスケジュールでしたが、授業では体のメカニズムなども勉強できたし、「野球にも生かせるな」と思えば、苦にならなかった。教員免許の取得の過程でうれしかったのが、母校の長崎日大高校へ教育実習に行けたことです。教える生徒たちは後輩ですから、僕が甲子園に出たことを知っています。そして、なにより広島東洋カープに指名されたあとのことだったので、生徒たちの僕を見る目も多少は好意的だったのかな、と勝手に思っています(笑)。

生徒と触れ合うことで、「先生っていいな」と楽しい面も多かったのですが、それ以上に感じたのは難しさ。今までは監督や先輩など誰かに教わる立場でしたが、今度は自分が教える側。体育の授業でも、運動部所属の生徒はできて当たり前かもしれないけど、クラスには運動が苦手な生徒だっています。言葉でダメなら、実践してみせる。それでもできない子も少なくありません。「どうしてできないんだろう?」。心の中ではそう思うこともありましたが、そういう生徒にこそ誠意を尽くして教えていかなければならない。「どんな方法なら、できるようになるのかな?」。試行錯誤を繰り返しながら教育実習は終わりましたが、「教わる側」と「教える側」両方の経験ができたことは、これからの野球人生にも必ず生きると信じています。

私が見た「大瀬良大地」の素顔

COLUMN

丸佳浩 外野手

YOSHIHIRO MARU

「AB型はみんな二面性がある。大地の『裏の顔』を暴きたい（笑）」

2013年のドラフト会議で大地のカープ入団が決まったときは、「お、来るか！」みたいな気持ちでした。ちょっとテンションが上がりましたね。

その後の日本代表「侍ジャパン」の台湾遠征で彼も代表に選ばれていたんで、「よろしく」みたいな感じで挨拶《あいさつ》をしましたが、すごく礼儀正しくて好青年という印象を受けました。この強化試合ではほかにもアマチュアの選手が選出されていましたけど、大地とはわりと話したほうだったかと思います。

ピッチングに関しては、「さすが、3球団（広島、ヤクルト、阪神）から1位指名されるだけあるな」と。台湾代表戦ではマックス153キロですか。いい球を投げていたこともあるんですけど、飛び跳ねながら投げていたというか、センターから見ていて躍動感をすごく感じました。

プロでもその印象は変わらなかったですね。やっぱり真っ直ぐがいい。スピードガンの数字でも150キロを超える球を投げますけど、ボール自体が上質というか。今の時代は真っ直ぐだけでカウントを稼げるピッチャーって少ないんですよね、とくに長くマウンドにいる先発には。でも大地の場合は、ゲームの中盤でもそれができるし、ボール先行になっても真っ直ぐで空振りやファウルを取れる。それが、彼のいちばんの強みでしょうね。

それはやっぱり、大地がいつも一生懸命《いっしょうけんめい》だからこそできることなんだと思います。

僕は野手なんで、彼がどんな練習をしているのか細かいところまではわかりませんが、それでもたまに見かけたりすると、「まじめにやっているな」とはいつも感じています。尊敬するくらいですよ（笑）。

普段の練習からそうなんで、試合になるとますます一生懸命に投げますよね。苦しい場面とかでも、センターから見ていると、それがすごく伝わります。あまりほかのピッチャーと比較するのも申し訳ないんですけど、例えばマエケン（前田健太）さんは力の出し入れがうまいというか、ギアの上げどころを理解しながら投げているというか。でも大地の場合は、まだ若いからか、どんなバッター相手であろうとひたすら全力で投げている感じがありますよね。だから、ちょっとへばったりもするんですけど（苦笑）。

1年目で言うと6月、7月あたりですか。いつも全力なんで、体力的にもきつかったんでしょう。なかなか勝てない時期がありましたよね。それでも腐らずに、任された試合で自分の力を出しきろうとするところなんかは、あいつの持ち味でもあるわけですよ。印象に残っているゲームだと、その年の阪神とのクライマックスシリーズ・ファーストステージ第2戦ですかね。結局、延長12回引き分けでファイナルステージには行けませんでしたけど、この試合で大地は7回無失点に抑えてくれましたからね。あのときは本当にすごかったというか、だからこそ援護できない申し訳なさがありました。

別に「大地だから」というわけではないんですが、そういうピッチャーだからこそ、守っている僕らも「なんとか助けてあげたい」って思える。きっと、彼のピッチングを見てファンの方たちもグッとくるでしょうし、応援したくなるんじゃないですか？　大地のピッチングにはそういう魅力があると思いますね。

ピッチングもそうですけど、あの屈託《くったく》のない笑顔とか好青年ぶりを見せられると、誰でも大地を好きになるでしょう。僕はピッチャーや独身の選手ほどプライベートのつき合いはないんですが、あいつの魅力はじゅうぶんにわかっているつもりです。

ただ……本性《ほんしょう》をさらけ出しているわけではないはずなんですよ。同じAB型の人間として言わせてもらえば、あいつにも必ず「裏の顔」があるはずって思いますけどね（笑）。人間性が良すぎる……いやいや、そんなわけがない！　これは前田智徳《とものり》さんから聞いた話なんですけど、「人生平均の法則」があるんで。どれだけみんなから愛されている人間でも、ちょっとぐらいは悪い面が出てくるはずなんです。大地は基本的にすごくいい男だし、それはずっと変わらないでしょうけど、いつかあいつの「裏の顔」を暴いてやりたいですね（笑）。

Carp
14

Carp
14

14

14. Daichi

14

SERA
14

ZETT
ZETT
Ryuji Ichioka

asics
FOOTBALL GEAR
baseball junky × ZETT

ZETT

asics
FOOTBALL GEAR

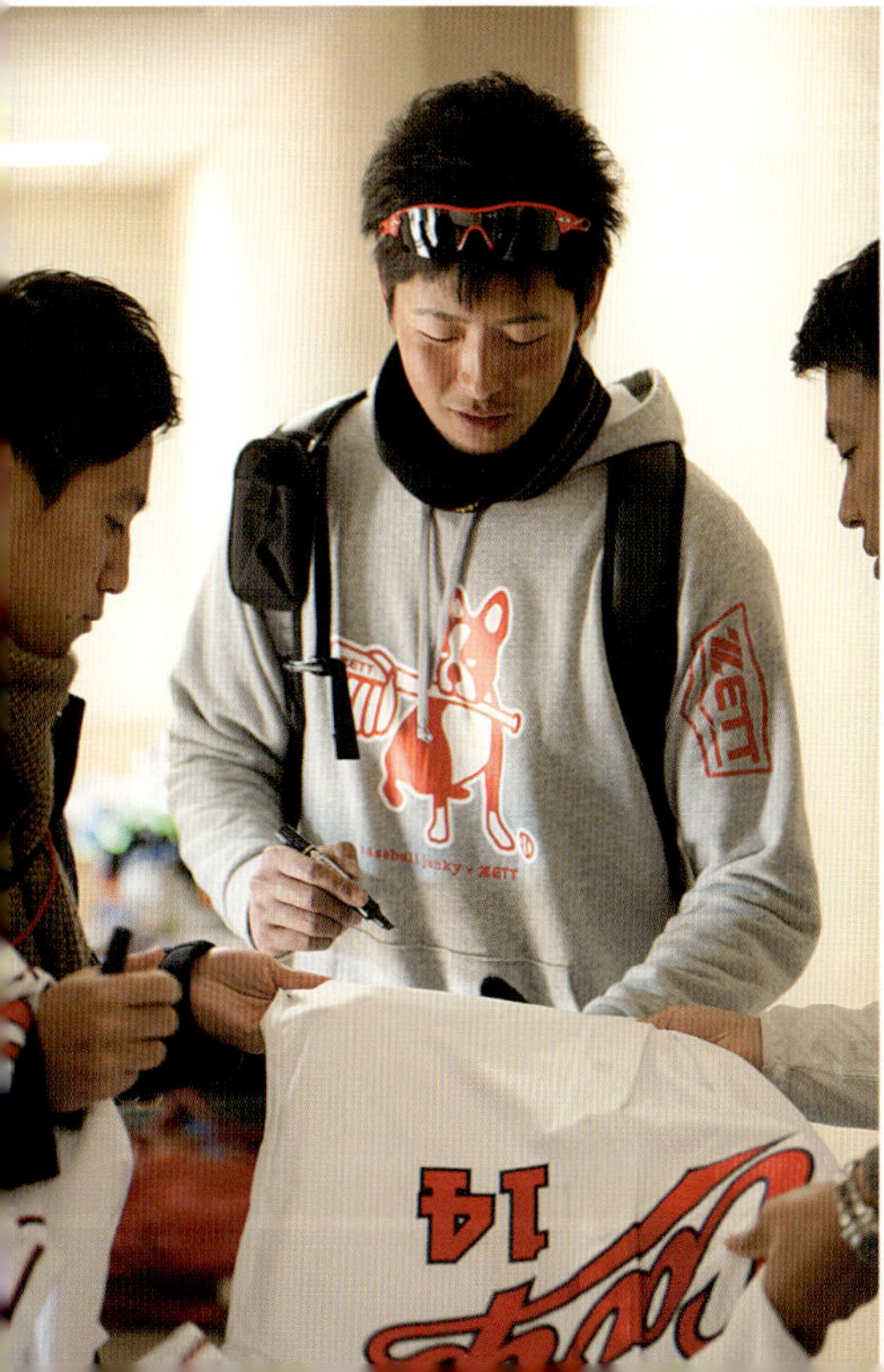
ZETT

14
18

Carp
14

56
Carp
14

Carp
14

mazda
Carp
14

Carp

Carp

Carp

18

無印良品

Carp

Carp
Carp
44

74

俺ら
がやる!!

14
Ichi 30

14

mazda

14
Team Maeken

第4章
赤の意志

幸福《しあわせ》の赤いパンツ

僕と広島東洋カープとの縁は、長崎日本大学高校3年から始まりました。

2009年5月。九州産業大学付属九州高校のグラウンドで、八重山《やえやま》商工高校との練習試合に登板したときのこと。「なんか、スカウトっぽい人が来てない?」。チームメイトたちとそんな話をした記憶がありますが、坊主頭にメガネのその方が仮にスカウトだったとしても、自分ではなく、たぶん、当時から注目を浴びていた、八重山商工の大嶺翔太《おおみねしょうた》(現千葉ロッテ)を見に来たんだろうな——。その程度の印象でしかありませんでした。熱心なカープファンの方ならおわかりかもしれませんが、その人こそ、九州地区担当スカウトの田村恵《けい》さんだったのです。

のちに調べて「あ!」と気づくのですが、田村さんは樟南《しょうなん》高校(旧・鹿児島商工高校)時代に高校野球を代表するキャッチャーでした。ピッチャーの福岡真一郎さんと1年生からバッテリーを組み、春夏計4度も甲子園に出場。「アイドル」としても人気を博した選手でした。田村さんが高校3年、1994年夏の甲子園では、決勝で同じ九州の佐賀商業に敗れ準優勝でしたが、九州では絶大な人気を誇っていたと聞きます。同年オフにカープからドラフト6位で指名されたOBでもある田村さんが、九州地区担当のスカウトを務められていたのです。

でも、高校3年夏前の自分はと言えば、全国的にはもちろん、九州、長崎県でもあまり注目される存在ではなかった。すでにお話ししているとおり、九州地区では今村猛を中心に大嶺など一部の選手しか脚光を浴びていませんでしたから、その日に田村さんが来ていたといっても他人事だったのです。

夏の甲子園に出場し、花巻東高校戦で自己最多の147キロを計測するなどちょっとは結果を残せたことで、九州共立大学に進学することができた。でも、入学当初は「プロに行くにはまだまだ実力が足りないな」と感じていたため、そこまでプロ入りを意識していたわけではありません。だけど、試合中にスタンドに目を移すと、あの、「坊主頭にメガネ」の人（田村さん、何度もすみません！）がいる。「もしかしたら、自分を見に来てくださっているのかな？」と、うれしくなりました。

田村さんの熱意は本当にすごくて、僕が九州共立大学に在籍した4年間の試合はほとんど見に来てくださったと思います。多少の語弊《ごへい》はありますが、リーグ戦のそれほど重要ではない試合になるとスカウトの方たちはあまり来ないものですが、それでも田村さんだけはいる。「あ、また来てる！」と(笑)。僕は性格的に、相手の熱意に対して意気に感じてしまう人間です。仲里清監督や先輩、チームメイトの支えもあって、徐々に注目される選手となり、「ドラフト1位候補」「争奪戦必至」などと評価していただきましたが、「田村さんだけがずっと僕を見続けてくれた。絶対に入れるわけではないかもしれないけど、広島に行くのがベストかな」。田村さんの熱意に動かされ、僕の気持ちはカープへと強く傾いていきました。

カープとの縁は、これだけにとどまりませんでした。

僕が大学4年だった13年秋、野球部のマネージャーが広島県の出身ということで、もう1人の仲間を加えた3人で、初めて広島に行きました。単純な旅行でしたが、偶然にもその期間は、プロ野球のクライマックスシリーズ（CS）の開催時期。この年3位のカープは阪神の本拠地・甲子園球場での試合でしたが、マツダスタジアム（ＭＡＺＤＡ Ｚｏｏｍ-Ｚｏｏｍスタジアム広島）でパブリックビューイングがあることを知ると、「せっかくだから見に行こうよ」と足を運びました。ところが、さすがはカープ人気。無料でしたがチケットが必要で、僕らが球場へ行ったときには配布が終了していて入ることができない。「あ〜あ……」。正面入口あたりでふてくされて座っていると、見知らぬおじさんが近づいてくる。

「チケットないのか？」。誰だろう？　怪しい人だな、と思いながらも「ないんですよ」と答えると、そのおじさんは「ちょうど3枚あるから、あげるよ」とチケットを渡してくれた。出来すぎた話ですが、作り話じゃなく、本当なんです（笑）。

「マジすか！　せめて缶コーヒーくらいご馳走《ちそう》させてください」とお礼を切り出しても、「いいよ、いいよ」と手を横に振り、おじさんは足早にその場をあとにしました。おかげ様で、パブリックビューイングでカープの試合を見ることができましたが、ゲーム内容に負けないぐらい心に響いたのはマツダスタジアムの雰囲気。天然芝が丹念に整備されたグラウンド、投げやすそうなマウンド。「ここで投げたら、気持ちいいだろうな。来年、俺も投げたいな」。そんな思いを馳《は》せたものです。

やっぱりカープとは縁がある。ドラフト会議当日の13年10月24日。僕は「勝負の赤いパンツ」をはいて、運命の日に臨みました。

でも実は、「カープだから赤パンツ」ではないんです。大学2年になったころ、仲里監督が僕にこう言いました。「ここからドラフトまで1000日くらいだ。ドラフト1位で契約金1億円を手にしたいのなら、毎日が勝負だと思え。勝負ごとは赤で臨んだほうがいい」。そこから僕は、練習、試合問わず、スパッツタイプの赤いスライディングパンツをはき続けました。

ドラフト当日。監督の奥さんが「これをはいていきなさい」と用意してくれた赤パンツを身につけ、運命の時を待つ。東京ヤクルト、阪神、そしてカープ。3球団が僕を1位に指名してくれて、なんと交渉権を獲得したのは、僕が入団を望んでいたカープでした。抽選のクジを引いたのは、あの田村さん！「思いが実を結んで、本当に良かった」と、心から喜びました。

ドラフト後、仲里監督を通じて僕のもとに田村さんから電話がありました。「まだ頭が真っ白なんだけど、俺がいちばん見てきたから絶対に当たると信じていたよ。

これからも一緒に頑張っていこう」。勝負ごとにこだわり、はき続けた赤パンツが、田村さんと僕の願いを叶《かな》えてくれたのです。

野村監督から言われた「小細工は許さない!」

カープに入団する前からプロ野球選手のすごさは実感していました。

ドラフト直後の13年11月に行われた日本代表「侍ジャパン」と台湾代表との強化試合。僕はまだ学生でしたが呼んでいただき、第2戦でカープの先輩となる野村祐輔さんの次に登板しました。2回を投げ、1安打、2奪三振、無失点。「真っ直ぐを思いきって投げよう」とがむしゃらに投げ、自己最速タイの153キロも出ました。多少は自信になったことは確かですが、それ以上に「やっぱりプロってすごいな」と、レベルの高さに驚かされたほうが大きかったと思います。

初めてブルペンに入ったときのことです。僕の隣では千葉ロッテの松永昂大《たかひろ》さんと益田直也《ますだなおや》さんも投球練習を行っていたのですが、ボールのキレとコントロールがハンパじゃなかった。ブルペンですから、お2人は全力では投げていません。「なに、この人たち。やばいでしょ！」。感心したというよりも、衝撃を受けました。同時に「こんなにすごい人たちがいる中で、自分はプロでやっていけるのだろうか？」。少し不安になったことを覚えています。

そんな僕の思いとは裏腹に、まわりはものすごく期待をかけてくれている。カープに入った僕に与えられた背番号は「14」。カープが初めてリーグ優勝を果たした1975年に最多勝、最多奪三振、沢村賞に輝いた外木場《そとこば》義郎《よしろう》さん、「炎のストッパー」として球団の伝説となっている津田恒実《つねみ》（旧登録名・恒美《つねみ》）さんなど、偉大な先輩方が背負った番号です。前述したように正直不安はありましたが、このような素晴らしい番号をいただけたことは光栄ですし、「やるしかない」と改めて決意を固めました。

プロ1年目のシーズンの試合はほとんど覚えていますが、やっぱり初登板と初勝利は特別です。14年4月2日のヤクルト戦。前年のパブリックビューイングで感じたようにマツダスタジアムのマウンドは投げやすく、勝ち負けはつきませんでしたが、7回を2失点と、結果だけ見れば最低限の役割は果たせたと思っています。でも、その2失点が……。6回二死一塁から4番のウラディミール・バレンティンに、外角のストレートを右中間スタンドに叩《たた》き込まれた一発は衝撃的でした。自慢ではありませんが、大学時代は2、3本しかホームランを打たれた経験がなく、外角のストレートには自信を持っていました。それが、いとも簡単に右中間スタンドの深いところまで持っていかれた。13年にプロ野球記録の60本塁打をマークしたバッターとはいえ、「厳しく攻めたのに、こんなに簡単に打たれちゃうんだ」と、この試合では達成感よりも「プロってやっぱりすごい」という気持ちが先でしたね。

初勝利は4月16日の阪神戦でした。この日、相手の先発が同期で大卒（国士舘大学）入団の岩崎優《いわざきすぐる》だったこともあり、「絶対に負けたくない！」と気持ちを引き締めたことを覚えています。7回を投げて5安打、1失点。スコアは3対1だったのですが、結果的に決勝点となったのが、5回に僕が放った2点タイムリーだったことが意外だったというか（笑）。いずれにせよ、マツダスタジアムでプロ初勝利を挙げられて、本当に良かったなって思っています。

このころはまだ、「全力で、全力で」と自分に言い聞かせながら投げていました。それが自分の良さであると思っていたからですが、初登板の試合で感じたように、やっぱりプロの世界は甘くはない。それを痛感したのが交流戦でした。

試練は交流戦初登板でいきなりやってきました。5月24日のオリックス・バファローズ戦は初回から失点を許し、4回には一挙5点を奪われ、ノックアウト。4回9安打、8失点と、不甲斐《ふがい》ない投球をしてしまいました。しかし、続く31日の東北楽天ゴールデンイーグルス戦では、勝ち星こそつかなかったものの、6回を無失点に抑えることができた。「これならやっていける」。ところが、6月7日の福岡ソフトバンクホークス戦では、なんと、初回に7失点……。2回にも痛打を浴び続けさらに3失点と、イニングの途中でベンチから降板を命じられたのです。

正直ヘコみました。次の登板日が近づくにつれ、「また打たれるんじゃないか?」とネガティブな感情だけが僕を支配しているような……。「いっそのことローテーションから外してほしい。なんなら二軍に落としてもらってもいい。そのほうがラクになれる」。僕は完全に自分を見失っていました。

そんな悲観的な僕にカツを入れてくれたのが、当時の野村謙二郎監督でした。交流戦の最中、監督室に呼ばれた僕は、野村監督からハッパをかけられました。

「俺は、お前がどんなに打たれようと、ローテーションから外す気はない。大地のいちばんの魅力は、150キロの真っ直ぐをど真ん中に投げることじゃないか。それを続けてさえくれればいいんだ。でも、お前が小細工をして抑えようとしたら、俺は絶対に許さないからな。もっと、自信を持って相手を抑えてみせろ！」

この時期の僕は、「スピードを殺してでもコントロールを意識しようかな?」と迷走していました。でも、監督と話をして原点に立ち返ることができたというか、「自分の持ち味を出していこう」と気持ちが吹っきれたのは間違いありません。それに、どんなに調子が悪く打たれても、黙々と投げ続けているマエケン（前田健太）さんたちがいる。「ローテーションピッチャーは1年間ずっと調子がいいわけじゃない。厳しい時期を乗り越えて、トータルでいい結果を残すことが求められるんだ」。先輩たちの背中を見ながら、僕は次第に前を向けるようになりました。

1年目は26試合に登板し、10勝8敗。新人王にも選んでいただきましたが、防御率は4・05と、課題も残るシーズンでした。でも、へたな小細工を用いず、がむしゃらに投げて得た結果なので、及第点はつけておきます。

マエケンさん、黒田さん。先輩は背中で語る

僕がカープに入団し、最初に「この人から学びたい！」と切望した先輩は、やっぱりマエケンさんでした。「見て盗む」までいかなくても、できる限りマエケンさんを観察。普段のなにげないしぐさからでも、どんなことに取り組んでいるのかを目に焼きつけたかった。マエケンさんは歩くとき、かかとをあまり地面につけず、足の指先だけで歩くようなスタイルなのですが、「あのバネのある走り方と関係しているのかな？」と思えば、すぐに実践してみたり（笑）。ささいなことでもマネをしていました。

マエケンさんからできるだけ多くのことを間近で吸収したい——。そんな思いから「自主トレとかもご一緒したいな」と勝手な願望があったのですが、まさかマエケンさんご本人が誘ってくださるとは思っていなかったので感激しましたね。プロ

1年目の14年の春季キャンプ中という早い段階の話で、「今シーズン終わったあとのオフとか予定がないなら、一緒に自主トレやるか?」と言っていただいた。突然のお誘いだったので「あ、お願いします」と動揺しながらお受けしたのですが、シーズン終盤にも「自主トレやるから、ちゃんと予定をあけておけよ。あと、しっかり準備もな」と言われ、「本当に連れていってもらえるんだ!」と気持ちを引き締めたものです。

翌15年1月の自主トレはマエケンさんと僕のほか、中田廉さんと中﨑翔太、そして阪神から藤波晋《しん》太郎《たろう》の5人で行いました。

「俺らがやる!!」。その合言葉が背中に入った、マエケンさん自作のTシャツを着て臨んだ自主トレは、本当に実りある期間でした。極端に言えば、すべての動きに無駄がない。ランニングメニューにしても1つひとつの動きを集中してやっていることがわかったし、ほかのメニューに移るちょっとした時間でも休憩《きゅうけい》するのではなく軽くストレッチをしたり。「この人は自分がやるべきことをわかっている。時間の使い方がすごくうまいな」と驚かされました。マエケンさんのきれいなピッチングフォームは誰もが絶賛しますが、日ごろのこのような意識がそれを実現させている。ピッチングはピッチングだけの練習、フィジカルなど基礎トレーニングはそのためだけに――ではなく、すべての練習がマウンドで投げること、結果を出すことにつながっているのだと、マエケンさんの姿勢を見て勉強させてもらいました。

それと、僕は本当にマエケンさんなどチームメイトに恵まれていて、「幸せ者だな」と改めて感じさせてくれたのが、黒田博樹さんのカープ復帰でした。

黒田さんは、僕が大学時代から参考にしたいと、自分なりに研究していたピッチャーの1人でした。ご本人の著書である『決めて断《た》つ』を読んで、黒田さんの考え方を学ばせていただきましたし、ニューヨーク・ヤンキース時代に放映された特集番組などを見ては、「黒田さんは、マウンドでこんなことを考えながら配球を組み立てているのか」と、勝手に勉強させてもらっていました。

メジャーリーグ通算79勝。ヤンキースなどでエースとして活躍された超一流のピッチャー。その黒田さんが「カープに復帰するかもしれない」といったニュースが出た瞬間、「本当に戻ってきてくれたら、うれしいな」と思うのは当然のこと。そして、シーズンオフに地元に帰省しているあいだに「黒田さん復帰」を報道で知ったときには、驚きと同時に、うれしさや興奮が自分の中に沸き起こりました。「ものすごい環境で野球ができる」。そう胸をときめかせながら臨んだ、プロ2年目の春季キャンプ（15年）。黒田さんは年明けからアメリカで調整を続けていたため沖縄県沖縄市での第2次キャンプからの合流となりましたが、そのときが待ち遠しかった。実際にブルペンなどで黒田さんのピッチングを見させてもらうと、インコース、アウトコースへのボールの軌道がまったくブレていない。「これがメジャーでも結果を残したピッチャーのボールか！」。そのすごさに、ただただ驚くばかりでした。

僕が語ってしまうのもおこがましいのですが、黒田さんのピッチングで有名なのは「フロントドア」です。バッターの手元で鋭く沈むツーシームを、左バッターで言う内角のボールゾーンからストライクゾーンに入れる技術なのですが、復帰初登板のオープン戦でのそのパフォーマンスは、野球界を驚愕《きょうがく》させるほど素晴らしかった。

メジャーリーグに行く以前の黒田さんと言えば、僕の中では速球派のイメージが強く、150キロのストレートで巨人の松井秀喜さんに真っ向勝負する姿に、「格好いいな」と憧《あこが》れをいだいていました。でも、現在の黒田さんのピッチングスタイルは真逆というか、フロントドアなどいかに相手の打ち気をそらして凡打の山を築くかに狙いを定めて投げている。

僕が黒田さんとカープでご一緒したのはまだ1年ですし、たくさん話を聞いたわけではありませんが、その中でも「黒田さんはいきなり今のスタイルになったんじゃない。年齢や環境、トレーニングとかを突き詰めながら、そのときそのときで自分に合ったスタイルを確立してきたからこそ、すごい選手になれたんだ」ということに気づかされます。

でも、僕はまだ「しっかりと腕を振って、強気に真っ直ぐで勝負していく」というスタイルが合っている。黒田さんのような、多彩な変化球や投球テクニックへの憧れもありますが、まだ実践は控えようと思っています。あまり背伸びをしすぎてもダメ。これから1年、1年、しっかりと自分と向き合い、徐々に進化していけばいい――。黒田さんは、そのことをご自分の背中で教えてくれているのだと思います。

そんな黒田さんの背中を見ながら、僕は僕なりにちゃんと大地に足をつけて、自らの道を切り拓《ひら》いていきたいです。

私が見た「大瀬良大地」の素顔

COLUMN

RYUJI ICHIOKA

一岡竜司 投手

「大瀬良と顔は似ているけど、間違えてサインを頼まないで！」

大瀬良の性格をひと言で表すと、「優しい」しか思い浮かびません。

本当に優しいんですよ！　大瀬良が入団した2014年に、僕もFAで巨人に移籍した大竹（寛《かん》）さんの人的補償選手としてカープに入ったんで、言っちゃえば「同期」なんです。でも、あっちはドラフト1位の選手だったので、僕としては「あ、大瀬良だ！」みたいな、なんか有名人を見るような感じだったんですね。でも、僕のほうが年は上だから「自分から話しかけないと」と、思いきって「よろしく！」って声をかけたんです。そうしたら、「こちらこそよろしくお願いします！」って、元気良く挨拶《あいさつ》を返してくれて。

最初は「友だちになってくれるかな？」みたいな、こっちが控えめな感じだったんですけど、大瀬良は九州共立大学の出身で、僕も専門学校（沖データコンピュータ教育学院）が同じ福岡だったっていう共通点があったし、僕らの顔が「似ている」とか、（今村）猛も合わせて「カピバラ三兄弟だ」とかチームメイトやファンの方からも言われるようになったこともあり、わりと早くから仲良くさせてもらいました。プライベートのつき合いも多いほうだと思いますが、食事に行ったときなどは野球の話はあんまりしませんね。それよりも、恋愛話とかのほうがするかな？　お酒も本当は強いんでしょうけどあんまり飲まないし、食べ物の好き嫌いもないいんじゃないかな？　カピバラの好きなものはわからないんで（笑）。こんなことを言うと、大瀬良に「カピバラは一岡さんです！」とツッコまれるでしょうけどね。でも、彼は本当に怒らないんですよ。不気味なくらい（笑）。それくらいに優しいってことなんですよね。

僕に対してはそんな感じでフランクに接してくれる大瀬良ですけど、相手のことを優先してくれるというか、本当に気づかいもできるんですよね。14年の秋季キャンプが終わったあと、みんなで大分県の湯布院《ゆふいん》の温泉に行ってゴルフとかも楽しんだとき、僕はちょっと故障していたんで、あんまり動けなかったんです。みんなが外にいるあいだは部屋でゲームくらいしかすることがなかったんですけど、大瀬良がつき合ってくれたんですよ。２人でずっと、ニンテンドー３ＤＳをやっていましたね（笑）。大瀬良のおかげで、退屈せずにすみました。

こんなふうにプライベートでは対等なつき合いをさせてもらっていますが、野球となると比べようがないくらい大瀬良のほうが上ですね（苦笑）。

スピード、スタミナ……すべてにおいて、あっちが上。キャンプとか一緒のブルペンに入ることがあるんですけど、マエケン（前田健太）さんと大瀬良の隣では投げたくないですね。２

人のボールは飛び抜けているんで、僕がみじめになっちゃうから(笑)。

でも、それだけのことを大瀬良はやってきているんですよ。1年目で「フォークを覚えたい」って言って、練習しているときは、その球種を投げるピッチャー全員に投げ方を教わったり、秋のキャンプでも全体練習が終わってから1人で走ったりしていましたからね。そういう姿勢はすごいなと思いますし、見習わないといけないなって感じました。

僕は中継ぎなんで、1年目は先発の大瀬良の次に投げることも多かったんですが、彼が初勝利した試合(14年4月16日、阪神戦)の2番手も自分でした。7イニング投げた彼のあとを引き継ぎ、8回の1イニングを三者凡退。無失点に抑えて勝ちにつなげるピッチングができたのは、今になってはいい思い出です。なんか、大瀬良はマウンドを降りるとき、継投するピッチャーに「お願いします」って言っているらしいんですけど、そういうときの僕って集中しているんで耳に入っていないんです。でも、意識して聞くようにします(笑)。

16年はまた先発になるみたいなんで、頑張ってほしいですね。でも、大瀬良は普段からちゃんと練習する選手だし、伸びしろもハンパないんで安心してピッチングを見ていられると思います。彼の勝ちを消さないように、僕も頑張らないといけませんね。

最後に1つお願いがあります。ファンのみなさん、「大瀬良さん、サインください」って言わないでください。似ているのは光栄なんですけど、僕は一岡です！　もし、間違えて声をかけてきたら、僕が大瀬良のサインを書いちゃいますよ(笑)。

14

広島東洋カープ

第5章 自分の時間

意外に困る「休日のすごし方」

僕は自分で言うのもなんですが、野球に直結すると思えばなんでもやってきました。高校時代の勉強や大学時代の寮周辺の掃除など。でも、ひとたび野球から離れると、なにもやりたくない……。非常に面倒くさがりな男。友人や先輩たちからも「お前のは極度だ」と呆《あき》れられるほどです(苦笑)。

2015年シーズン終了後のオフまでカープの選手寮「大洲寮《おおずりょう》」が僕の住まいでした。僕より一足早く退寮するまで隣の部屋にいたキク(菊池涼介)さんなんかは、休みの日には気晴らしにパチンコに出かけたりと行動力があって、僕の部屋にもいきなり押しかけたりしていました。後輩の野間峻祥や鈴木誠也《せいや》らも遠慮なく僕の部屋に来るので、そういった際には話したりしますが、1人だとだいたい寝ています。

1人だと本当になにをしていいのかわからず、「暇《ひま》だな。今日くらい外に出たほうがいいのかな?」と自分を奮い立たせても、とくに目的を見い出せなければ「もうちょっと考えよう」と、またベッドに寝転ぶ。1、2時間後に「やっぱり出ようかな?」と自問自答したところで、同じことの繰り返し……。そんな不毛な時間をすごしているうちに1日が終わってしまう。そんな日はザラです。

だからといってゲームなど1人で楽しめるもので遊ぶのかといったらそういうわけでもなく。小学生のころから特別ゲーム好きというわけではありませんでした。クラスの男子がほとんど熱中する『ドラゴンクエスト』や『ファイナルファンタジー』といったロールプレイングゲームは苦手でした。最近はスマートフォンのゲームが主流なんでしょうけど、大人気ゲームの『パズル&ドラゴン』や『モンスターストライク』をやっても長続きしなくて。スマホゲームは「レアアイテムがもらえるキャンペーン期間」とかがあって、僕はそういった情報をあまり気にするタイプではないので、その期間が過ぎてしまうと「もういいや」ってなっちゃう。

だから、やるとすればもっぱら『実況パワフルプロ野球』など野球ゲームがメインになってしまうんです。そう言えば、僕が入団してから発売された『パワプロ』で、初めて自分で自分を操作したときは感激しました! 対戦相手に巨人を選んだんですが、初回にいきなり長野《ちょうの》久義さんにホームランを打たれて……。実際にもプロ1年目の14年8月16日の試合で3回にホームランを打たれた経験があるので、「あれ、これどっかで見た光景だな」って思っちゃいました（笑）。

ゲームはやっぱり誰かとやるほうが楽しい。1年目の14年オフ、リハビリキャンプで大分県の湯布院温泉に行ったときに宿舎で一岡竜司さんとやった『大乱闘スマッシュブラザーズ』は面白かったたし、2年目の15年秋季キャンプでは飯田哲矢さんがわざわざ宮崎県日南市の宿舎までプレイステーション4を持参してきたので（笑）、『ダイイングライト』というゾンビを倒していくゲームを2人でやって、キャンプ中にクリアしましたね（練習など野球はしっかりやったあとのことですから！）。

あと、これもありきたりですが、1人での休日に映画やドラマ、バラエティ番組を見ることはもちろんあります。正直、ドラマは1回でも録画を忘れたりすると「もういいや」となっちゃうんですが……バラエティはよく見ます。みなさん同様、僕も『アメトーーク！』が大好きで、「カープ大好き芸人」の回ももちろん見させてもらいましたし、スペシャルなんかはちゃんと録画して見ています。

最近では動画配信サービスなどが豊富にあるので、それに加入して海外ドラマを見ることは多いですね。『プリズンブレイク』はリアルタイムで見ていたんですが、「もう1回見ようかな」と、今ちょっとハマっています。あとは『24-TWENTY FOUR-』です。カープのみんなも大好きで「絶対に見たほうがいいよ」と勧めてくれたんですが、ずっと見ていなくて話についていけなかった。最近になって見始めたんですが、スリルがあって本当に面白い！　ちなみに僕は「吹き替え派」。ジャック・バウアーのモノマネで有名になった「どきどきキャンプ」の岸学《きしまなぶ》さんのコントは知っていたので、『24』を初めて見たときに「これか！」と感動しました（笑）。

ここまで説明すれば、僕がいかに面倒くさがりな人間で、出不精《でぶしょう》だということをご理解いただけたかと思います（苦笑）。

だけど、1つだけ言い訳させてもらえば、僕は誰かから「どっかに行こうよ」と誘われたら、まずことわりません。マエケン（前田健太）さんや飯田さんに「ちょっと外に出ようよ」と言われたら喜んでついていきますし、1人ならささっと出かけて小《こ》1時間で帰ってくる買い物も、みんなと一緒なら2時間くらいは出歩きます。

遠征先で出ることが多いんですが、個人的に好きな場所は神戸ですね。三宮《さんのみや》あたりは栄えているんですけど、駅周辺にいろんなお店が固まっているんで行きやすいというか、ササッと出かけて、すぐに帰ってこられるんで……。

ちなみに、先輩から誘われても外に出たがらない「究極の出不精」がカープにはいます。中﨑翔太です（笑）。彼も寮に住んでいるんですが、休みの日はほぼ間違いなく部屋でゴロゴロしている。僕と中﨑しかいない日も多いので（苦笑）、どちらかの部屋でおしゃべりをしたりすることもあるんですが、さすがにそんなときは、僕から「どっかメシにでも行く？」と声をかけます。でも中﨑は、年上である僕の誘いに対しても「いや、大丈夫です。あんまり外に出たくないんですよね」とはっきり言うんですよ！　ここでは「いい意味で自分を持っているタイプ」と肯定《こうてい》しておきますが、中﨑ならきっとマエケンさんから食事に誘われても、ことわるときははっきりことわるでしょうね（笑）。

そんな感じの寮生活でしたが、今は１人暮らしになったので、家具を自分好みのシンプルなもので揃《そろ》え、大学のころやっていたようにお香《こう》を焚《た》いて物思いにふけりたい。さすがに、お香を寮でやると苦情が出そうなので、我慢していましたから（笑）。

これといった趣味がまったくない！

カープに入団してからインタビューをしていただく機会が増えました。非常にありがたいことなのですが、1つだけ返答に困ってしまう質問があります。

——趣味はなんですか？

……。……。趣味かぁ……。そんなときの僕は、決まって言葉に詰まってしまいます（記者のみなさん、本当に申し訳ありません！）。それくらい、僕にはこれといった趣味がありません。

「趣味にしたいな」と思って挑戦したことは、いくつかあります。

まずゴルフ。プロ野球選手はコンペなどでゴルフをする機会が多く、1年目のシーズンオフには僕も初めて挑戦しました。みんなとワイワイしゃべりながらコースを回るのは楽しいし、ショットやパットが決まったときの爽快感《そうかいかん》は忘れられないものがあります。しかも、最初にコースを回ったときのスコアが109と、初心者としては良かったらしく、みんなからも「すごいね」と褒《ほ》められた。でも、そこからは伸び悩み気味……。あのスコアは完全なビギナーズラックでした(笑)。ゴルフは嫌いではないのですが、だからといってクラブセットを購入するほどのめり込んでいるわけではなく、知り合いの方からいただいたものを今でも使っているくらいです。

15年の春季キャンプの休日には、釣りにも挑戦しました。カープには一軍打撃コーチ補佐の迎《むかえ》祐一郎さんやキクさん、上本崇司《うえもとたかし》さんなど釣り好きが多く、キャンプ地の宮崎県日南市は海が近いので一度連れていってもらいました。でも釣れない……まったく釣れませんでした(苦笑)。「釣りもダメだな」という結論に。丁寧《ていねい》に教えてくれた先輩たちには本当に申し訳ないんですが、すぐに帰ってしまいました。

1つでいいから、なにか熱中できる趣味が欲しい。そう思ったところで作れれば誰だって苦労はしません! でも、好きなものはちゃんとあります。

これも定番かもしれませんが、音楽を聴くのは習慣と言えば習慣です。でも、流行のアーティストよりは、僕が中学や高校時代に好きだった方、自分にとっての「懐メロ」が好きなんです。オレンジレンジや大塚愛さんなどの曲はスマートフォンやiPodにダウンロードして、ランニング中に聴いたりしていますね。

アーティストに関しては、「誰が好き？」と聞かれればはっきりと答えられるのでご安心を！　真っ先に挙げるとすれば、C&K（Clievy&Keen）さんです。中田廉さんが好きでメンバーとも面識があったため、一度食事をさせていただいたことがあるんですが、中田さんから「ちゃんと聴いてみなよ。すごくいいから」と勧められて聴いてみると本当に良かった。歌声に特徴があるし、曲調も自分好み。なにより、歌詞が僕にはハマりましたね。

C&Kとフューチャリングしていたことや同じ長崎県の出身ということもあって、九州男《くすお》さんも好きです。「ヘビーローテーションで聴くアーティストは？」と聞かれれば、間違いなくこの2組を挙げさせていただきます。

音楽は趣味というより、好きな部類に入ると思います。最近になってようやくカラオケでも歌うようになりましたしね（笑）。中学、高校くらいまでは、自分の中で「歌うのはあんまり得意じゃないな」と思っていたので、友だちの歌を聴くのが専門でした。でも、大学3年あたりになってお酒が飲めるようになると、テンションが上がるというか、それこそノリで歌うようになってからは、マイクを握ることも楽しく思えてきました。プロに入ってからも、飯田さんと広島市内のカラオケボックスに行きました、こっそりと（笑）。そのときに練習したのが尾崎豊さんの『OH MY LITTLE GIRL』。僕が生まれる前からある曲ですが、自分にとってフィーリングが合うというか、とても好きな曲です。

カラオケは好きですけど決してじょうずなわけではなく、14年秋のファン感謝デーで「美声」を披露した中田さんや小野淳平《じゅんぺい》さんに比べたら足元にも及びません（笑）。でも、みんなでカラオケに行くのは好きなので、少しずつレパートリーを増やしていければな、と思っています。

好きなことと言えば、運転もすごく楽しいですね。15年の1月に念願の運転免許を取得して、そこからわりと早い段階で車を購入しました。ちょっと大きめの車で、値段もまあ、ちょっと背伸びしてしまったんですが（笑）、もともと大きな車に憧《あこが》れがありましたし長く乗りたいので、思いきって奮発しちゃいました。

納車は春季キャンプが終わり広島に戻ってきたころでしたが、休日とかに1人でドライブに出かけたりすると、「運転って楽しいな」と純粋に思えて。カープは事故などを回避するために試合の日は自家用車で来ることが禁止されているので、練習場への移動など、運転できるときはするようにしています。

だからといって「定番のドライブコース」があるわけではなくて……。「ちょっとどこかに行こうかな?」と思ったときは広島市内を適当に走るくらいなんですが、結果的に同じ場所をぐるぐる回っているだけだったり(苦笑)。でも、長崎から親友が遊びに来てくれたときなんかは、自分が車を出してドライブに行くことはありますよ。広島の観光名所を熟知しているわけではないので、これからはちょっと遠出とかしてみて、少しずつ開拓したいと思います。

お酒は飲まなくて平気。甘いものはないとダメ

僕は基本的には、お酒がそれほど好きではありません。マエケンさんや中田さんなど仲良くさせていただいている先輩方と食事に行くと、「お前は飲んだほうがち

ゃんとしゃべれるんだから飲め！」とか促《うなが》されるので、そういった際には飲みますが、友人や同級生、後輩と行く場合は、飲まないことのほうが多いかもしれません。飲もうと思えば飲める。20歳を迎えた大学2年生以降の3年間は、たぶん、今よりもずっと飲んでいた時期かもしれません。今でも覚えているのが大学3年の春。福岡六大学リーグで優勝したときに選手だけで開催した「祝勝会」です。ビールをピッチャーで3杯、そのあとに焼酎《しょうちゅう》の水割りもなぜかピッチャーで出てきたので、みんなの「行け！」というノリに圧倒されて、それも2杯飲んでしまいました（笑）。当時は勢いで飲んでいましたけど、あのときはさすがにヘロヘロでしたね。

お酒にまつわるエピソードは、このほかにもいくつかあります。

カープに入団してからだと、14年のオフに行った湯布院での出来事は、今でもちょっとツッコまれます（笑）。宿舎でみんなとお酒を飲んだあと、「ちょっと酔っ払っちゃったかな？」と気分良く部屋に戻り、就寝。あれはたぶん、夜中の3時あたりだったかと思います。誰かが僕の体を揺すってきました。大瀬良さん、大瀬良さん――。重たいまぶたをあけると、目の前に戸田隆矢がいました。

「大瀬良さん、そろそろいいですかね?」「へ?」「ここ、僕の部屋ですよ」。やっちゃった!「マジか! ごめん」。僕は、睡眠モードに突入していた体を無理やり叩《たた》き起こし、恐縮しながら戸田の部屋をあとにするのでした(笑)。

あとはキクさんとのエピソードもあるのですが……これはおそらく、本書でキクさんがじゅうぶんに説明してくれていると思うので(苦笑)、僕のほうでは簡単にまとめさせていただきます。

これも1年目のオフの出来事なのですが、その日は長崎の友人が広島に遊びに来ていたタイミングでキクさんからお誘いがあり、キクさんのお知り合いの方たちも混ざって大人数でお酒を飲んだんです。そこでキクさんも盛り上がっちゃって、僕にどんどんお酒を勧める。ことわるわけにはいかないので、かなりの量を飲んだと思います。時計の針はすでに夜の12時を回っており、相当酔っていました。しかも、次の日には所用で朝から東京に行かなくてはいけない……。「これ以上飲んだらやばいな。でも、キクさんに言っても、絶対に帰してもらえない」。そこで僕が取った行動は、近くにいるキクさんの知り合いの方に、「すみませんが、僕、明日早いんで帰ります。キクさんに伝えていただけませんか?」と伝言をお願いすることでした。脱出成功。でも、それで許してくれるキクさんではありません。後日、「ダイチ〜、俺は根に持つからな!」と言われました。冗談だとわかっていながらもちょっと怖かったです(笑)。ここで改めてお詫《わ》びします。キクさん、あのときはすみませんでした。でも、本当につらかったんですよ!

今思えば、楽しい時間でした。やっぱり、お酒はみんなとワイワイ楽しみながら飲むのがいちばんです。だから、お酒を飲むときのこだわりはほとんどありません。基本的にビールが中心ですし、カクテルなどほかのアルコールを選ぶ際も、誰かが頼めば「同じもので」というレベル。食べ物の好き嫌いもないので、おつまみも基本は人任せ。みんなが頼んだものがテーブルに並んでいれば、それを食べるだけでじゅうぶんです。ただ、「おつまみと言えば、鶏《とり》の唐揚げ」みたいな感じで定番のものが好きなので、自然とそちらのほうに箸《はし》が進むというか。僕は飲むときはあまり食べない主義なんですけど。

逆に、自分から進んで「食べたいな」と思うものはスイーツですね。

甘いものだったらなんでも好きです。だからといって「このお店のこれが食べたい」というものはなく、たまにマツダスタジアムのロッカーでテレビを見ているときに、情報番組などでスイーツが紹介されていて「おいしそうだな。帰りに寄ってみようかな?」と興味を持ったとしても、そこから帰り支度《じたく》をしているあいだに忘れてしまうことが多くて……。「あれ、あの店って、東広島のなんて名前だっけ?」と少しは思い出す努力をするんですが、結果的に「まあ、でも、コンビニのケーキでいいかな」と簡単にあきらめてしまうような男なんです、僕は(苦笑)。

ただ、最近ちょっとハマっているお菓子があります。スターバックスコーヒーの「チョコレートチャンククッキー」です。スタバの定番メニューだと思うんですけど、それがすごくおいしくて。「球場に来る前に絶対に買う」みたいなルーティンはありませんが、近くにスタバがあれば必ず買います。

カープに入ってからはファンの方から差し入れをいただくことが増えましたが、やっぱり甘いものが多くて、それはうれしいですね。春季キャンプの期間中のバレンタインデーには、毎年たくさんのチョコレートを贈っていただき、本当にありがとうございます。それを食べるのも楽しみの1つです。みなさん、チョコレートと一緒にメッセージもくださるので、それを読むと力が湧いてきます！　練習で疲れたあとには糖分を補給しなくちゃいけませんし、一石二鳥です(笑)。

差し入れと言えば、中田さんからプリンをいただいたことがありました。「大地、これ作ったから食べてみて」と自信満々に言ってきたので、「ありがとうございます」とお礼を言って食べようとすると……どこか見覚えがある形をしているではありませんか。「これ、もしかしてプッチンプリンじゃない？」。食べてみると、味もまるっきり一緒。中田さん、プッチンプリンをお皿に盛っただけで「自作」って。まぁ、おいしかったから、いいんですけど(笑)。

ファッション・髪型で唯一のこだわりは襟足《えりあし》？

14年のシーズンオフ。僕は大きな決断を迫られていました。

広島の地元番組に出演させていただいたときのこと。マエケンさんが中田さん、一岡さん、中﨑、そして僕に、「いい時計を買え!」と半強制的に、高級腕時計を扱うお店に連れていきました。いくら企画とはいえ、お店には今まで見たことがないような高価な時計がずらりと並んでいる。プロ野球選手には時計好きが多く、マエケンさんをはじめカープにもそういった先輩はいます。でも、僕は正直に言うと、そこまで時計に興味があるわけではありませんでした。あったら便利なのは確かですが、そこまで高いものは必要ないというか。

「大地、これいいんじゃない?」

マエケンさんが選んでくれた時計は、フランクミュラーの「コスモス」でした。文字盤に大小様々な星が散りばめられている限定品で、確かに見た目は格好いい。番組ですでに出ているので価格を公表しますが、その額はなんと! 172万8000円でした。

「星があるやつ、いいじゃない。勝ち星ってことで」。マエケンさん、表現はうまいですけど、無理ですよ……と心の中でちょっとはそう思いましたが、「買いません」と突っぱねて場の空気を重くするのもみなさんに申し訳ないし、なによりマエケンさんが勧めてくれている。買うしかない。僕は決心しました。

とはいっても、その間、ずっと変な汗をかきっぱなしでした（笑）。言うまでもなく、そんな大金を持ち歩いているわけではありませんし、それまでの人生で、ダントツで高い買い物でした。翌日、朝一番に銀行へ向かい、お金をおろして代金を支払いに行きましたよ。

本当ならマエケンさんにプレゼントしてもらいたかったですけど（笑）、その前に「10勝して新人王になったら、なにか欲しいものを買ってあげるよ」と、オーダーメイドのスーツをいただいていたので（本書に掲載されている写真のスーツで、時計もそれです！）、そこまでおねだりはできません。フランクミュラーの時計にスーツ。この組み合わせは、「ここ一番」のときに身につけようと決めました。

このように、僕はファッションにも強いこだわりはありません。

とくに好きなブランドがあるわけではなく、洋服などを選ぶ際のポイントは「シンプル・イズ・ザ・ベスト」。ドクロマークとか仰々《ぎょうぎょう》しいデザインはあまり好みではなく、ワンポイントやボーダー、もちろん無地とか、さっぱりしたデザインの服を選びます。ざっくりと好みを言うなら、「格好いい」より「かわいい」系。そこは自分のフィーリングで、「これがかわいい」と思えば買っちゃいますね。

コーディネートはわりと意識するほうですが、自分が想像しているようなスタイルで着こなすのは難しいというか。チームのみんなもよく読んでいる『サファリ』という男性ファッション誌が好きで、そこに載っている海外セレブやサッカー選手の着こなしをマネてみたりするんです。

だけど、スラっとした体型の方たちならいろんな組み合わせができるんでしょうけど、日本人の僕たちがやっても……。よくみんなで、「俺らが着たら違う感じになるんだろうな」って嘆《なげ》いています(苦笑)。

ファッションはこだわり出すときりがないというか、奥が深いと感じています。だから、そこまで意識することはありませんが、それでも髪型は自分好みに仕上げるようにはしています。僕の場合、短髪があまり似合わないと感じているので、美容室に行く際はそこだけは気にしていますね。

いつもお世話になっているところは、広島市内にある「Kazu-hair」さん。

こちらはカープにとって「御用達《ごようたし》」のような美容室で、僕もスカウトの松本奉文《ともふみ》さんやキクさんから「うちの選手がけっこう行っている店だから安心だよ」と勧められたので行ってみると、店長さんをはじめスタッフの方々がとても気さくですぐになじめました。飯田さんや堂林翔太《どうばやししょうた》、野間峻祥とか若手も気に入っているみたいだし、「ここを行きつけにしよう!」とすぐに決めました。

僕は髪の量が多いほうで、少しでも伸びると頭がゴワゴワして違和感があるので、最低でも1か月に1度はカットしてもらっています。冒険することをためらうほうなので、髪型はいつも同じ。ただ、唯一こだわっているのが襟足《えりあし》です。うなじにつむじがあって、短くするとそれが目立って格好悪い。いつも店長さんに切ってもらっているのですが、そこだけは「長めで」と毎回お願いしています。

休日のすごし方、趣味、ファッション……。自分にとって「これだ!」とはっきり言える要素がなくて、読者のみなさんには申し訳ないと思っています。これからは、「大瀬良ならこれでしょ!」と思っていただけるような定番を作れるように、自分でも努力はしてみます。可能な限り(笑)。

私が見た「大瀬良大地」の素顔

COLUMN

田中広輔 内野手

KOSUKE TANAKA

「誰からも好かれる好青年。でも、もっと遊び心を持て!(笑)」

僕はカープに入る前から大地を知っているんですよ。

社会人時代(JR東日本)の2012年にアジア選手権の日本代表メンバーに選んでいただいて、同じ大会で大地も選ばれていたんです。当時は大学生でしたけど、初々《ういうい》しさの中にも礼儀とか対応がしっかりとしていたというか、「大人の部分もあるんだな」と。すごく好青年のイメージがありましたね。

あのときは正直、プロの同じチームで一緒に野球をやるなんて思ってもいませんでしたが、実際に13年オフのドラフト会議でともに指名され同期として入団しても、そこまで感動もなかったというか、「同じチームなんだ」くらいでしたね(笑)。

カープに入った直後は、いちおう僕のほうが年上なんで、大地には「あわてずにやれよ」とは言いましたけど、彼は僕がそんなことを伝えなくてもちゃんとできるくらい、頭が良くてまじめなやつですから。最初のうちはまだ多少緊張している感じがあったんですが、キャンプではブレることなく自分を持って練習していましたし、だからといってコーチとか先輩の意見を突っぱねるわけでもなく、しっかりと自分の中で整理できているんです。でもそれって、「立ち回り方がうまい」とかじゃなくて、大地の性格なんですよね。自然体で行動しても相手から憎まれないというか。試合中なんか、「もうちょっと、じっとしとけよ！」ってツッコみたくなるくらいにベンチで大声を出していますから。カープに点が入ったときなんか、学生みたいに、はしゃいだりしますからね（笑）。まだ初々しい部分も残っていて。無邪気というか、自然にそういうことができる大地だから、みんな好きなんです。

試合でも僕はそう感じますね。マウンドでは常に一生懸命《いっしょうけんめい》なのは当たり前なんですけど、飾らないというか、あまり表情には出ないんですけど気取った感じはまったくないですよね。ランナーがたまったときとか、たまに「ちょっと間《ま》を取ったほうがいいかな？」と思ったらマウンドに行って、「冷静になろう」とひと声かけたりすることもありますけど、投げているときの大地はいつも堂々としているから、心配はしていません。

やっぱり大地は期待されてカープに入った選手だし、投手陣を背負っていく存在になってもらわないといけないので、彼が投げる試合ではとくに「勝たせてあげたい」って思うのかもしれません。僕らが1年目の14年4月24日の東京ヤクルト戦で大地が登板したんですが、その試合で僕はプロ入り初ホームランを打ったんです。2回の先制3ランで試合も勝つことができた。

このとき、「自分のバットで、初めて大地に勝ちをつけてあげられた」と安心したというか、まぁ、率直に言えば、うれしかったですね（笑）。仮に自分が打てなくても、「ショートの守備や走塁とかで、勝ちに貢献できるプレーをしたい」とは、いつも感じながらやっています。

1年目の大地はちょっと調子を落とした時期もありましたけど、自分の中で迷いながらも変化球を磨いたり、真剣に練習をしていたというか。結果的に10勝を挙げて新人王を獲りました。でも、それで満足することなく、2年目も春季キャンプでは自発的に練習していましたからね。毎朝ランニングをしたりとか、大卒2年目で若いのにそういうことを率先してやるっていうのは言葉以上に難しいことなんです。そういう妥協《だきょう》しない姿勢とか見せられると、僕らもすごく刺激を受けますし、「大地が投げる試合では絶対に勝たせてあげたい」って、よけいに強く思えるようになりますよね。

2年目は慣れない中継ぎをやって、1年目以上に試行錯誤しながら投げていた部分もあるでしょうけど、それでも仕事はしっかりしましたから。それはやっぱり、大地がいつも野球に対して真剣に取り組んでいるからだと思います。

ただ……まじめすぎるのは、大地の長所であり、短所でもあるかな？

僕は結婚しているんで、大地とプライベートのつき合いはほとんどないんです。じっくり話せる機会って少ないから、ここであえて言わせてもらいます。大地、まじめすぎるのもダメだぞ。もっと遊び心を持って野球に取り組んでくれ！（笑）。

第6章
開拓

大瀬良家のような家庭を築きたい

ここで少し、家族の話をしようと思います。僕にとって家族とは、「特別」という言葉では言い表せないほど大切な存在です。

カープに入団してからは年に3、4回は広島に来てマツダスタジアムで応援してくれますし、そのときは必ず食事にも行きます。みんながいたから今の自分がいる。家族のために1年でも長く野球を続けていきたいと、強く思えるんです。

僕は4人きょうだいのいちばん上ですが、弟や妹には本当に学ばせてもらっています。

次男の元気《げんき》は、2016年の誕生日で23歳。ダウン症なのですが、それこそ名前のとおりいつも元気です。でも、僕の顔が見えないと不安なのか、自宅に電話して元気にかわってもらうと、毎回泣くんですよ(苦笑)。本当に優しい子で、気づかいがハンパじゃない。ご飯を食べているときに、僕が冗談《じょうだん》で「おかずちょうだい」と言うと必ずくれるほど。言葉はあまり話せませんが、家族のことをよく見ている。

僕は長男ですけど、元気の優しさや気づかいに触れるたびに「自分も元気みたいな人間になりたいな」と思うくらいで、僕なんかよりも元気のほうが大人なんです。

長女の千波《ちなみ》は早生まれで、16年春の誕生日を迎えると、21歳。高校を卒業後も実家にいて、今は職さがしの最中なのかな？　千波は元気とは違う面の優しさを持っていて、場の空気をなごませてくれるというか、集団の中での協調がすごくうまい。誰とでも仲良くできるタイプですね。そんな千波が実家にいてくれるのは、とても心強いです。

三男の優人《ゆうと》も早生まれで、16年春、18歳になります。きょうだいの中でいちばんやんちゃで、性格的には僕と真逆だと思います（笑）。小さいころから泥んこまみれで家に帰ってきては母に怒られていましたし、高校は僕と同じ長崎日本大学高校の野球部でしたが、金城孝夫監督から「俺が見ていないと勉強しない」と強制的に寮に入れさせられたくらい。でも、野球の才能はあるようで、金城監督は僕に対して、「お前の高校時代より数倍才能がある」とおっしゃっていました。最後の夏（15年）は県大会の2回戦で負けてしまいましたが、大学も僕と同じ九州共立大学に進み、プロを目指すようです。今後、僕を脅《おびや》かすピッチャーになってくれれば、うれしいですね。

ほかの家庭のことはよくわかりませんが、僕の家族はみんな仲がいい。自分で言うのも変ですが、客観的に見ても「こんな家庭って、いいな」と思うくらいです。だから、もし自分が家庭を持つとしたら、大瀬良家のような関係を築きたい。

正直、結婚はまだ先かと思いますが、憧《あこが》れはあります。

僕は恋愛べたですし、極度の出不精《でぶしょう》で友人などから「天然」と言われるようなキャラですが、実は、好きな女性ができれば、自分から積極的にアピールする人間です(笑)。学生時代は野球漬《づ》けでしたから、好みの子がいても「かわいいなぁ」って遠くから眺《なが》めているだけでしたけど、本当に好きになった子にはアタックしたことがありましたよ。玉砕《ぎょくさい》しましたが……。

好みのタイプは「小動物系」というか、背が低くて、かわいらしい女性が好きですね。学生時代に好きだったタレントで言えば、「モーニング娘。」の加護亜依《かごあい》さんです。辻《つじ》ちゃん(辻希美《つじのぞみ》)派ではなく、加護ちゃん派でした(笑)。あとは、上戸彩《うえとあや》さん。この方はみんなが好きな「テッパン」ですよね。最近だと、大島優子さんは性格的にもすごく明るくていいなって思いますし、堀北真希《ほりきたまき》さんもかわいいなって。

ただ、彼女たちは「好き」というより、テレビなどで見ながら「かわいいな」というような、憧れの対象と答えたほうが正しい表現だと思います。好きなタイプはあるものの、結婚相手は最終的にフィーリングというか、「この人なら」と心から思える相手がいちばんだと感じています。

「結婚相手に求める条件は？」とか聞かれると困るんですが、条件としてはそんなに厳しくはないと思います。強《し》いて挙げれば、最初から「できない」と言ってやろうとしない人は苦手かもしれませんね。料理にしても「私はできないから」ではなくて、「できないけど、これから一生懸命《いっしょうけんめい》勉強するから」と言ってもらえればすごくうれしいですし、「俺もできないから、一緒にやろうよ」と積極的に手伝おうと思えるというか（でも、僕はピッチャーで手が商売道具だから、刃物は使えませんが……）。せっかく一緒に暮らしていくんだから、いろんなことを協力し合えればいいな、と。

　家庭を築くのであれば、やっぱり今の僕の家族のような雰囲気を作っていきたい。両親が仲良く、きょうだいみんながお互いを気づかって支えあえるような。何度でも言いますが、大瀬良家は僕にとって理想の家族です。

今こそ「木鶏《もっけい》」になるとき

15年、ペナントレース中の9月。僕はそれまで続けていたツイッターやフェイスブックのアカウントを削除しました。スポーツ新聞の記者さんなどにそのことを聞かれた際には「とくに理由はありません」と答え、報道でもそのような僕のコメントが載っていたかと思います。でも実際には、ちゃんとした理由がありました。

普段はたくさんのフォロワーの方たちから温かいメッセージをいただきます。それはとてもうれしいし、励《はげ》みにもなる。でも、試合で打たれたり、なかなか結果が出ない時期には厳しいメッセージをいただくこともありました。僕はプロ野球選手ですから時には批判を受けることだってあるし、それを受け入れて前を向いていかなければダメだと思っています。

それでも、僕の性格上、やっぱり辛辣《しんらつ》なコメントは気にしてしまいます。ただでさえ打たれた試合のあとは「やっちゃったな……」と落ち込んでしまうのに、SNS

を見たことでさらにネガティブな気持ちを引きずってしまえば、次の登板にも影響しかねない。とくに15年は先発で結果を出せず、中継ぎとしてチャンスを与えていただいたにもかかわらず、最終戦で敗戦投手となり、チームのクライマックスシリーズ進出の目標をつぶしてしまいました。そんな不甲斐《ふがい》ない1年だったからこそ、「今は野球に集中しなければならないんだ」と、なおさら痛感したのです。SNSはいつでも再開できる。でも、野球で取り返しのつかないことをしてしまえば、それはもう、覆《くつがえ》らない。ファンのみなさんには本当に申し訳ないのですが、そんな僕のわがままをご理解いただけるとうれしいです。

今一度、野球に向き合う時。僕の座右《ざゆう》の銘《めい》でもある、「未《いま》だ木鶏《もっけい》たり得ず」を自分自身に言い聞かせて邁進《まいしん》すべきなのです。

「木鶏」とは「木製《もくせい》の鶏《にわとり》」のことですが、古くは中国の春秋戦国《しゅんじゅうせんごく》時代に、ある闘鶏《とうけい》士《し》が王様に対して「木鶏のように泰然自若《たいぜんじじゃく》としていれば、どの闘鶏も敵《かな》わない」と助言したことに始まるようです。そしてこの、「未だ木鶏たり得ず」と言ったのが昭和の大横綱の双葉山《ふたばやま》関でした。1939年に不滅の69連勝を打ち立てましたが、次の取り組みで土をつけられ、記録が途絶えました。そのとき、双葉山関が友人に当てた電報に記されていた一文がこの言葉だったのです。

この言葉を知ったのは大学時代で、仲里清監督から「いくらまわりからちやほやされても、試合でどんなに打たれても、毅然《きぜん》とした態度で振る舞いなさい。日常生活でも、常に人から見られていると思って行動しなさい」と言われたことに始まります。当初は「どんな意味なんだろう?」と理解できていませんでしたが、本などを読み調べていくうちに「いい言葉だな」と。それ以来、僕の座右の銘となりました。インタビューなどで聞かれたときは、「未だ木鶏たり得ず」と答えていますので、良かったらみなさんも覚えておいてくださいね。コラボグッズにも「木鶏」の言葉を入れました。

16年はなんとしても汚名を返上したい。緒方孝市監督はじめ首脳陣の方たちからは、「先発としてやってもらう」と言われています。前年は悔しさしか残らない1年でしたが、中継ぎの大変さ、厳しい場面で登板するピッチャーの気持ち、チームを勝利に導くことの難しさを体感できたことは、大きな財産だと確信しています。そんな今だからこそ、「未だ木鶏たり得ず」の精神が必要なのです。

世代を代表する選手となり、日本一に

僕はこれまでの野球人生で、一度も「日本一」を経験したことがありません。

中学時代は大した選手ではなかったし、高校でも3年夏に甲子園に出ることはできましたが、初戦敗退。大学時代も4度の全国大会を経験しましたが、11年と12年の全日本大学野球選手権大会でのベスト4が最高でした。カープに入団してからも1年目はクライマックスシリーズ・ファーストステージ敗退。2年目はセ・リーグ4位と、日本一への手ごたえはあるものの、その道のりの険《けわ》しさを痛感しました。

16年6月の誕生日で、25歳。年齢としてはまだまだ若手なのかもしれません。だけど、「投手陣の柱としてカープを引っ張って、日本一になりたい」という気持ちだけは誰にも負けてはいないと思っています。

16年、黒田博樹さんは現役を続けてくれることになったものの、マエケン（前田健太）さんがメジャーリーグ移籍でチームを離れたため、その穴を埋める必要があ

ります。緒方監督や、投手担当の畝龍実コーチと小林幹英《かんえい》コーチなどからも、「自分がチームを引っ張っていくという覚悟を持ちながらやっていかないと、ダメだぞ」とずっと言われているということは、それだけ僕に期待をしてくれているということ。もう、これ以上はチームを裏切ることはできません！

カープ投手陣の柱になる。そのためには、もっと上を目指して野球に取り組んでいかなければなりません。いきなり「球界を代表するピッチャーに」とは言いすぎなので、まずは同世代を象徴する選手を目指したいです。

僕と同い年の選手を総称すれば、今のところは「菊池雄星世代」になるかと思います。雄星以外にも横浜DeNAの筒香嘉智《つつごうよしとも》、福岡ソフトバンクの今宮健太、北海道日本ハムファイターズの白村《はくむら》明弘、大学時代に福岡六大学リーグでライバル関係にあった福岡大学出身の阪神・梅野隆太郎《りゅうたろう》などがいます。もちろんカープにも今村猛や堂林翔太、九里亜蓮《くりあれん》と、力のある同学年の選手がいます。彼らが活躍すれば刺激になるし、「あいつらには負けたくない」と気合いが入る。ライバル心をむき出しにするわけではありませんが、お互い切磋琢磨《せっさたくま》し合って成長していければいいなと思っています。

近年だとマエケンさんのように、何年も活躍すれば「メジャーか?」といった憶測が飛びますが、現時点での僕は、いくら結果を残したとしてもメジャーのことなんて考えられる余裕はありません。

ただ、15年に黒田さんがカープに復帰してからは、「黒田さんが戦っていたメジャーって、どういう場所なんだろう?」と興味を持つようになり、時間があるときはメジャーリーグ中継を見るようになりました。だからといって向こうに行きたいわけではありません。まずはカープで日本一を達成する。そして、世代を代表する選手と認められるようになる。もっと高い目標を挙げるならば、侍ジャパンに呼ばれるのが当たり前の選手になりたいですし、国際大会で結果を残したい。

そのためにも、カープの一員として、目の前に広がる険しい「大地」の「開拓」をやり遂《と》げ、自分の可能性を切り拓《ひら》くこと。それができて初めて、次の新たな「大地」が見えてくると思います。

僕の日本での夢はまだまだ続きます。

私が見た「大瀬良大地」の素顔

COLUMN

石原慶幸 捕手

YOSHIYUKI ISHIHARA

「プライベートではマイペース。マウンドではすごく負けず嫌い」

学生時代の大地のピッチングは見たことはなかったんですが、2013年のドラフト会議でカープを含めて3球団（広島、ヤクルト、阪神）が1位指名したくらいですから、「いいピッチャーなんだろうな」というイメージはありました。

それよりも、ドラフト後の会見で大地の表情を見たときに、「すごくかわいらしい顔をしているな。優しい子なんだろう」という印象を受けたことのほうが覚えています。僕が大地と最初に出会ったのは14年1月の新人合同自主トレだったんですが、挨拶《あいさつ》されたときにやっぱり自分の印象どおり、いい子だと感じましたね。

実際の大地はすごくまじめなんですが、それ以上にマイペースです。プライベートではそこまで特別なつき合いをしているわけではありませんが、たまに食事に行くことはあるんですね。そこでの彼は本当にマイペース。僕とか先輩に対しての気づかいはもちろんあるんですけど、ものを食べたり飲んだりしているときでも、すごくゆっくりしているというか(笑)、いい意味で「自分のペースで動いているんだな」と思いました。

プライベートではゆっくりしている大地も、野球になると別人になります。先ほども言ったようにまじめなやつなんで、野球に関してはとにかく一生懸命《いっしょうけんめい》に取り組むことはもちろんなんですが、監督やコーチ、先輩たちから聞いたことでもそのまま鵜呑《うの》みにしないで、自分の考えを通すときは通すといった芯《しん》の強さを持っている。それを感じたのが、大地が1年目の春季キャンプでした。「注目のルーキー」として入ってきた選手ですから評判どおりのいいボールは投げていましたが、最初に入るブルペンから、自分が考えていることを実践しようとする意欲は見ていて感じ取れました。新人ですから当然、緊張していたとは思いますけど、それでも僕たちの言うことをただ「はいはい」と聞くだけじゃなくて、自分で試したいボールがあればちゃんと投げるとか、そういう意志はすごく伝わってきました。

試合では、そういった自分の思いをすごく出すやつですよね。かわいい顔をしているし、試合中はあまり表情に出さないのでわかりづらいですが、負けん気はすごく強い。ピッチャーは誰もそうなのかもしれませんけど、登板するゲームでは絶対に負けたくないと思いながら投げる、9回まで投げきりたい。そう思うものなんでしょうが、大地は降板するときとか、ものすごく悔しそうなんですね。そういう彼を見ていると、「こいつはマジで負けず嫌いなんだな」と感じます。

本当に野球においてはなんでも一生懸命ですから、ちょっと打たれたりすると熱くなって力んでしまうところがあるんです。僕がマスクをかぶった試合であれば、「いい意味で力を抜いていこう」と声をかけるようにはしています。打たれても精神的に大きなダメージを受けるようなピッチャーではありませんが、少しでも「熱くなってきたかな？」と感じたら冷静にさせるのも、キャッチャーである僕の仕事だと思っているんで。

1年目で言えば交流戦あたりから少し勝てなくなって、「落ち込んでいるのかな？」と感じる部分はありましたが、大地の素晴らしいところはそこで自分を見失わずに、課題を克服するところです。それを感じた試合を挙げれば、14年9月6日の横浜DeNA戦ですね。5安打、10奪三振、1四球で完封したんですが、「シーズン終盤でこれだけのピッチングができるのか」と本当に感心しました。

もう1つ、1年目の試合だと阪神とのクライマックスシリーズ・ファーストステージ第2戦でのピッチングも素晴らしかった。初戦でカープは負けていましたから、この試合では絶対に勝たなければならない。大地はチームの命運を託されたわけですが、その大事な試合で7回無失点に抑えましたからね。試合は延長12回の引き分けでカープはファイナルステージに進めませんでしたけど、なんとか大地に勝たせてあげたかった。僕はこの試合で彼のボールを受けませんでしたが、本当にそう思いました。

2年目も慣れない中継ぎで結果を残してくれましたし、今のままの大地を貫いてくれれば、いつか必ず球界を代表するピッチャーになってくれるでしょうね。

あとがき

僕はプロ野球選手になれると思っていませんでした。

長崎日本大学高校の2年まで自分は、「体育の先生になりたいな。じゃあ、教員免許を取得できる大学に行こう」と思っていましたし、もし、野球で大学に行くことができなければ、「子どもが好きだから、保育士もいいな」とも考えていました。

それが、高校3年の夏に甲子園に出場したことで少しずつ道が切り拓《ひら》かれ、九州共立大学で広島東洋カープの田村恵スカウトはじめ数多くのプロ野球関係者やメディアの方々に注目していただいたことで、カープに入団することができました。夢を叶《かな》えられたのは、自分なりに尽くせる最大限の努力をしてきたからです。

「プロ野球選手になりたい。でも、自分の実力はまだまだだ」と自覚していたからこそ、ほかのチームメイト以上の練習をしなければならなかった。みんながダッシュを10本走るのであれば、最低でもプラス1、2本。多ければ2倍、3倍。その積み重ねがあったからこそ、今の自分がいるのだと自負しています。

夢を持つことはとても大切です。でも、本当に自分に厳しく、極端に言えば、まわりから止められるくらい追い込んでいかないと実現させることはできません。そして、野球など自分の好きなことだけを頑張ってもダメ。勉強、掃除、両親の手伝い……。気が進まないことも一生懸命《いっしょうけんめい》にやるからこそ、好きなことも頑張れる。

仮に夢が叶えられなかったとしても、「自分は精一杯やってきた」と自信を持って言えれば、それこそが本当の財産です。どんな職業や環境に身を置いたとしても、その努力は絶対に裏切りません。

本書も自分が努力した1つの結果だと思っています。お忙しい中、僕のために貴重な時間を割《さ》いてくださった石原慶幸さん、マエケン（前田健太）さん、キク（菊池涼介）さん、丸佳浩さん、田中広輔さん、一岡竜司さん、本当にありがとうございました。同じく多忙の中、本書の制作に協力してくださった広島東洋カープと廣済堂出版の関係者の方々に、心から感謝します。

2016年1月

大瀬良大地

DAICHI OHSERA

四球	投球回数	打者	被安打	被本塁打	奪三振	与四球	与死球	暴投	ボーク	失点	自責点	防御率
0	151	648	165	**20**	116	40	3	5	0	80	68	4.05
0	$109\frac{1}{3}$	475	111	5	97	31	1	4	0	53	38	3.13
0	$260\frac{1}{3}$	1123	276	25	213	71	4	9	0	133	106	3.66

〈表彰〉

・新人王（2014年）

〈個人記録〉

・初登板・初先発　2014年4月2日、対東京ヤクルト2回戦（MAZDA Zoom-Zoomスタジアム広島）、7回2失点、勝敗つかず

・初奪三振　同上、3回表に古野正人から

・初勝利・初先発勝利　2014年4月16日、対阪神2回戦（MAZDA Zoom-Zoomスタジアム広島）、7回1失点

・初完投・初完投勝利　2014年5月1日、対阪神6回戦（甲子園球場）9回1失点

・初完封勝利　2014年9月6日、対横浜DeNA20回戦（横浜スタジアム）

・初ホールド　2015年6月27日、対中日9回戦（MAZDA Zoom-Zoomスタジアム広島）、8回表に2番手でリリーフ登板、1回無失点

・初セーブ　2015年8月26日、対阪神15回戦（MAZDA Zoom-Zoomスタジアム広島）、9回表一死から3番手でリリーフ登板、完了、2/3回無失点

Results 年度別成績ほか

◉大瀬良大地 年度別投手成績（一軍） ※太字はリーグ最高

年度	チーム	試合数	勝利	敗戦	セーブ	ホールド	勝率	先発数	交代完了	完投	完封
2014	広島	26	10	8	0	0	.556	26	0	**3**	1
2015	広島	51	3	8	2	20	.273	9	6	2	0
通算		77	13	16	2	20	.448	35	6	5	1

大瀬良大地

メッセージBOOK

―大地を拓《ひら》く―

DAICHI OHSERA MESSAGE BOOK

2016年2月25日　第1版第1刷

著者……大瀬良大地

協力……株式会社 広島東洋カープ
企画・プロデュース……寺崎敦(株式会社 no.1)
構成……田口元義
撮影……石川耕三
ブックデザイン……坂野公一(welle design)
DTP……株式会社 三協美術
写真協力……産経新聞社(P137)
編集協力……長岡伸治(株式会社プリンシパル)
根本明　松本恵
編集……岩崎隆宏(廣済堂出版)

発行者……後藤高志
発行所……株式会社 廣済堂出版
〒104-0061 東京都中央区銀座3-7-6
電話　編集 03-6703-0964／販売 03-6703-0962
FAX　販売 03-6703-0963
振替　00180-0-164137
URL　http://www.kosaido-pub.co.jp
印刷所・製本所……株式会社 廣済堂

ISBN978-4-331-52001-7 C0075